楽しく学ぼう！
韓国語攻略本

基礎編

金榮愛

CD-ROM について

本書の音声は、MP3対応CD-ROMとなっております。パソコンやMP3プレーヤーで再生してください。(CDプレーヤーやDVDプレーヤーでは再生できません。無理に再生しようとすると、プレーヤーを破損する恐れもありますので、十分ご注意ください。) パソコンやソフトウェアの使用方法はそれぞれのマニュアルをご覧ください。

はじめに

　西洋の人が幾つかの言葉を操っているのをみて、羨ましく思ったことはありませんか。日本語と韓国語が似ている言葉であることは知っていますか。

　極東に住む日本人と韓国人は、西洋の言葉を習うためについやす時間よりずっと少ない努力で互いの言葉を話すことができます。

　なぜなら、日本語と韓国語は語順が同じであるため、単語を置き換えるだけで、互いの国の言葉になることが多いからです。また、同源の言葉や共通する漢字語の多くは発音が似ているため、習いやすい言葉といえるでしょう。

　はるか昔、両国は自由に行き来し意思の疎通もできていたといいます。このように両国の言葉は、古代のつながりをしのばせる言葉でもあります。

　近代になると、日本語が韓国にたくさん入り、専門用語などは、共通するものも多くあります。さらに、普段、英語など外来語を取り入れている両国にとっては、外来語や漢字語などを交えたコミュニケーションはさらに簡単といえるでしょう。

　韓国語に親しみ、未来志向のバイリンガルになりませんか。

　言葉を習うことは、楽しみが増えることであり、決して無理をすることではありません。

　長年韓国語を教えてつかんだ勉強上達のコツをこの一冊に込めました。

　この本を通じて韓国語を思いっきり楽しんでいただけたら幸いです。

　最後に、この本の出版に際し、達人の技で分かりやすく編集してくださった浅見さんや駿河台出版社の皆様に感謝いたします。

2015年1月　太古から変わらぬ満月の日に

金榮愛

本書の構成

　この本では、韓国語の勉強で難しいとされる発音の仕方や動詞・形容詞などの述語の活用形に重点をおいています。また、直接書き込みながら勉強ができるようにドリル式にし、同じ単語やフレーズを繰り返し取り入れ、自然に韓国語が身につくように工夫しました。完全に理解できないところが出てきても、立ち止らず先に進めましょう。次第にわかるようになっていきます。
　内容はハングル検定試験5級の範囲をカバーしています。

　本書は全4部で構成されています。

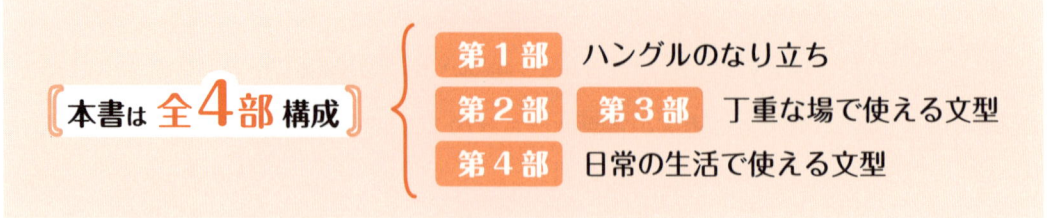

　第1部では「ハングルのなり立ち」、第2部、第3部では「丁重な場で使える文型」、第4部では「日常の生活で使える文型」を紹介しています。

第1部

　第1部では、第1章で必要な際にすぐに使えるとっさのときの会話文をカタカナ発音付きの4コマの漫画で表し、第2章では文字や発音を紹介しています。

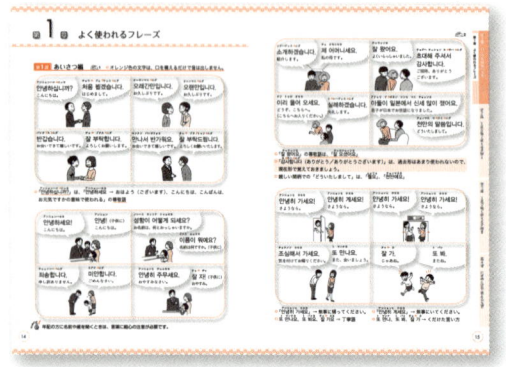
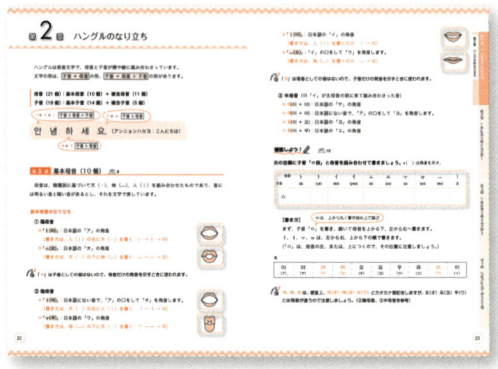

第2部　第3部

　第2部では、第3章から第5章にかけて、述語を「です」、「します」、「あります／います」に限定し、助詞の使い方など韓国語の基本文型が身につくようにしています。第6章では、いままで習った文型を使って数詞を勉強します。第7章からは、動詞や形容詞などの述語を辞書形（辞書に載っている形）から丁寧語に変える活用形、また、時制や肯定文・疑問文・否定文などにまとめてあります。この第2部、第3部で勉強する表現は、公的な場や初めて会った人などに用いる正統な言葉ですので、しっかり勉強しておくことをお勧めします。

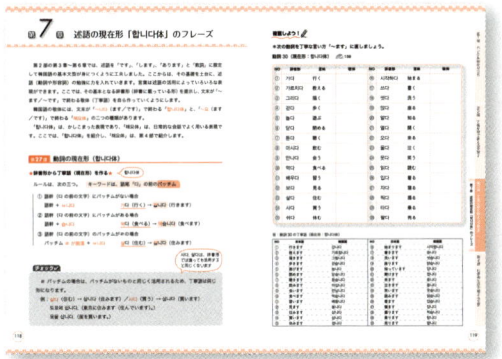

第4部

　第4部では、日常生活でよく使われる表現を紹介しています。第2部、第3部の知識をもとに語彙や活用形を増やしてレベルアップを図ります。この順序に沿って勉強し会話力のアップを目指しましょう。

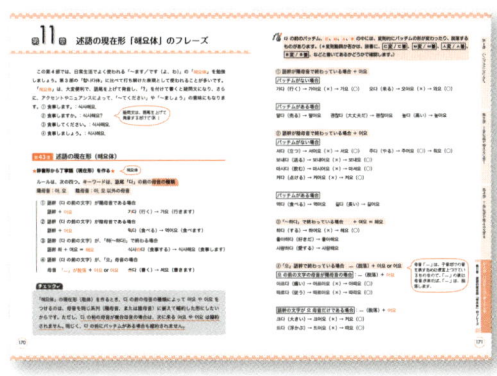

目次

はじめに	3
本書の構成	4
韓国語に関するミニ知識	10

第1部　ハングルのなり立ち　13

第1章　よく使われるフレーズ　14

- 第 1 課　あいさつ編　14
- 第 2 課　旅行編　17
- 第 3 課　食事編　19
- 第 4 課　買い物編　21

第2章　ハングルのなり立ち　22

- 第 5 課　基本母音（10個）　22
- 第 6 課　基本子音（14個）　25
- 第 7 課　日本語の五十音に並べ替え　30
- 第 8 課　複合子音（5個）　34
- 第 9 課　複合母音（11個）　36
- 第 10 課　パッチム（받침）　44
- 第 11 課　パッチムによる発音の変化　48

第2部　丁重な場で使える文型Ⅰ　57

第3章　指定詞「〜です」を使ったフレーズ　58

- 第 12 課　〜は、〜です。〜는(은) 〜입니다.　58
- 第 13 課　〜が、〜です。〜가(이) 〜입니다.　64
- 第 14 課　〜は、〜ですか。〜는(은) 〜입니까?　66
- 第 15 課　〜ではありません。〜가(이) 아닙니다.　68

■ 第16課　〜は、だれですか。〜는(은) 누구입니까?	70
■ 第17課　〜が、何ですか。〜가(이) 무엇입니까?	72
■ 第18課　家族の呼称	74

第4章　「名詞＋します」で作られる述語　78

■ 第19課　「名詞＋합니다（します）」で動詞が作られる	78
■ 第20課　「名詞＋합니다（です）」で形容詞が作られる	82
■ 第21課　「名詞＋합니다（できます）」で可能を表す	85

第5章　存在詞「〜あります／います」を使ったフレーズ　88

■ 第22課　〜があります。／います。〜가(이) 있습니다.	88
■ 第23課　〜がありません。／いません。〜가(이) 없습니다.	94

第6章　数詞を使ったフレーズ　98

■ 第24課　漢数詞を使った表現	98
■ 第25課　固有数詞を使った表現	110
■ 第26課　固有数詞と漢数詞を使って時刻を表す	116

第3部　丁重な場で使える文型Ⅱ　117

第7章　述語の現在形「합니다体」のフレーズ　118

■ 第27課　動詞の現在形（합니다体）	118
■ 第28課　形容詞の現在形（합니다体）	128
■ 第29課　現在形の否定形（합니다体）	132
■ 第30課　現在形の不可能や能力の有無を表す（합니다体）	135

第8章　動詞の進行形「합니다体」のフレーズ　137

■ 第31課　〜ています。〜고 있습니다.	137
■ 第32課　〜ていました。〜고 있었습니다.	141

7

목차

■ 第 33 課　〜ているところではありません。〜고 있지 않습니다.	142

第 9 章　述語の過去形「합니다体」のフレーズ　145

■ 第 34 課　述語の過去形（常体）	145
■ 第 35 課　述語の過去形（敬体）	149
■ 第 36 課　過去形の否定形（합니다体）	155
■ 第 37 課　過去形の不可能や能力の有無を表す（합니다体）	157

第 10 章　意志や推量を表す表現　158

■ 第 38 課　「〜겠습니다（합니다体）」の多様な表現	159
■ 第 39 課　「〜겠습니다」の疑問文	163
■ 第 40 課　「〜겠습니다」の否定文	164
■ 第 41 課　「〜겠습니다」の不可能文	165
■ 第 42 課　打ち解けた表現「〜겠어요（해요体）」	166

第 4 部　日常の生活で使える文型　169

第 11 章　述語の現在形「해요体」のフレーズ　170

■ 第 43 課　述語の現在形（해요体）	170
■ 第 44 課　接続詞「そして（그리고）」	183
■ 第 45 課　数詞を使ったフレーズ（해요体）	185
■ 第 46 課　現在形の否定形（해요体）	188
■ 第 47 課　現在形の不可能や能力の有無を表す（해요体）	190

第 12 章　状態の持続を表す「〜ている」の表現　191

■ 第 48 課　〜ています。〜아/어 있습니다. / 〜아/어 있어요.	191
■ 第 49 課　〜ている途中です。（〜고 있습니다(있어요).）と〜ています。（〜아/어 있습니다(있어요).）の違いについて	194

第13章　願望を表す「〜たい」の表現　　199

- 第50課　〜たいです。〜고 싶습니다. / 〜고 싶어요.　　199
- 第51課　〜たくありません。〜고 싶지 않습니다. / 고 싶지 않아요.　　204
- 第52課　〜たかったです。〜고 싶었습니다. / 〜고 싶었어요.　　205
- 第53課　〜たくありませんでした。〜고 싶지 않았습니다. / 고 싶지 않았어요.　　207

第14章　述語の過去形「해요体」のフレーズ　　208

- 第54課　述語の過去形（해요体）　　208
- 第55課　「あげました」と「もらいました」を使ったフレーズ（해요体）　　214
- 第56課　身体を使った表現（해요体）　　216
- 第57課　勉強おつかれさまテスト　　218

付　録　　219

文を作る基本アイテム　　220

- 代名詞　　220
- 助　詞　　221
- 疑問詞　　224
- 縮約形　　225
- 時を表す表現　　226
- 辞書を引く順番　　227

動詞の活用形　　228

指定詞と存在詞の活用形　　232

形容詞の活用形　　232

文法・表現索引　　236

韓国語に関するミニ知識

> 韓国には世宗市をはじめ世宗大王に由来するものが多いです。「世宗路」、「世宗会館」…など

> 一万ウォン札に肖像があります。

15C半ば、朝鮮王朝の世宗大王と言語学者たちによって創られました。

> 「訓民正音」という名で公表されましたが、当時漢文を重んじる知識層には歓迎されませんでした。

> これが、「ハングル文字」

韓国語は、表音文字で、子音と母音が組み合わされて一つの文字になります。

> 子音だけ、母音だけでは文字になりません。子音や母音だけを発音する文字の場合も、組み合わせて書きます。

韓国語は、子音と母音の組み合わせに、もう一つ子音が文字の下にくっついた文字形も多く、文字通りの発音をしないものが多くあります。

> これが、韓国語を習う人たちを泣かせます。

> 文字が違うのに発音が同じということもあります。

> 横書きが主流です。

韓国語は、横書きで、分かち書きをします。

> 単語と単語の間にスペースを入れるので意味を読み取るのが簡単。助詞は前の単語にくっつけて書きます。

「主語＋助詞＋述語」の順になっているため、単語を入れ替えるだけで、簡単に韓国語が作れます。

韓国語は、日本語と語順が同じで、助詞の使い方も似ています。

ハングルで表記していても、漢字語であるものも多いです。

日本で使う漢字語と同じ言葉が多く使われ発音も似ています。

漢字語は漢字一文字に対しハングル一文字で表記し、読み方も一つです（例外はあります）。

韓国では、日本と同じく外来語がたくさん使われています。

外来語は、原語のままか、ハングルで表記します。

固有語：加える（넣다）
漢字語：追加する（추가하다）

韓国の漢字は、日本でいう旧字体です。

日本語と同じく、同じ意味として固有語、漢字語、二通りの言い方があります。

第1部　ハングルのなり立ち
第2部　丁重な場で使える文型Ⅰ
第3部　丁重な場で使える文型Ⅱ
第4部　日常の生活で使える文型

第1部
ハングルのなり立ち

第1章 よく使われるフレーズ 14
　第1課　あいさつ編
　第2課　旅行編
　第3課　食事編
　第4課　買い物編

第2章 ハングルのなり立ち 22
　第5課　基本母音（10個）
　第6課　基本子音（14個）
　第7課　日本語の五十音に並べ替え
　第8課　複合子音（5個）
　第9課　複合母音（11個）
　第10課　パッチム（받침）
　第11課　パッチムによる発音の変化

第1章　よく使われるフレーズ

第1課　あいさつ編　🎧 1　　オレンジ色の文字は、口を構えるだけで音は出しません。

<アンニョンハシㇺニッカ>
안녕하십니까?
こんにちは。

<チョウㇺ プェㇷ゚ケッスㇺニダ>
처음 뵙겠습니다.
はじめまして。

<オレガンマニㇺニダ>
오래간만입니다.
お久しぶりです。

<オレンマニㇺニダ>
오랜만입니다.
お久しぶりです。

<パンガㇷ゚スㇺニダ>
반갑습니다.
お会いできて嬉しいです。

<チャㇽ プタカㇺニダ>
잘 부탁합니다.
よろしくお願いします。

<マンナソ パンガウォヨ>
만나서 반가워요.
お会いできて嬉しいです。

<チャㇽ プタク トゥリㇺニダ>
잘 부탁드립니다.
よろしくお願いいたします。

🌸 「<アンニョンハシㇺニッカ>**안녕하십니까?**（フォーマルな表現）」と「<アンニョンハセヨ>**안녕하세요!**（カジュアルな表現）」は、「おはよう（ございます）、こんにちは、こんばんは、お元気ですか」の意味で使われます。

<アンニョンハセヨ>
안녕하세요!
こんにちは。

<アンニョン>
안녕!（子供に）
こんにちは。

<ソンハミ オットケ ドェセヨ>
성함이 어떻게 되세요?
お名前は、何とおっしゃいますか。

<イルミ ムォエヨ>
이름이 뭐예요?
名前は何ですか。（子供に）

<チュェソンハㇺニダ>
죄송합니다.
申し訳ありません。

<ミアナㇺニダ>
미안합니다.
ごめんなさい。

<アンニョンヒ チュムセヨ>
안녕히 주무세요.
おやすみなさい。

<チャㇽ ヂャ>
잘 자!（子供に）
おやすみ。

年配の方に名前や歳を聞くときは、言葉に細心の注意が必要です。

14

第1部 ハングルのなり立ち　第1章 よく使われるフレーズ

|  ソゲハゲッスㇺニダ
소개하겠습니다.
紹介します。 | チェ オモニセヨ
제 어머니세요.
私の母です。 | チャラッソヨ
잘 왔어요.
よくいらっしゃいました。 | チョデヘ チュショソ カㇺサハㇺニダ
초대해 주셔서
감사합니다.
ご招待、ありがとう
ございます。 |

 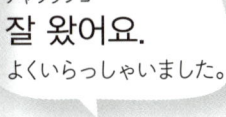

| イリ トゥロ オセヨ
이리 들어 오세요.
どうぞ、こちらへ。
（こちらへお入りください。） | シㇽレハゲッスㇺニダ
실례하겠습니다.
失礼します。 | アドゥリ イㇽボネソ シンセ マニ チョッソヨ
아들이 일본에서 신세 많이 졌어요.
息子が日本でお世話になりました。 |
| | | チョンマネ マㇽスㇺミㇺニダ
천만의 말씀입니다.
どういたしまして。 |

- 「잘 왔어요」の尊敬語は、「잘 오셨어요」
- 「감사합니다（ありがとう／ありがとうございます）」は、過去形はあまり使われないので、現在形で覚えておきましょう。
- 親しい間柄での「どういたしまして」は、「뭘요」、「천만에요」

第2部 丁重な場で使える文型Ⅰ

|  アンニョンヒ カセヨ
안녕히 가세요!
さようなら。 | アンニョンヒ ケセヨ
안녕히 계세요!
さようなら。 | アンニョンヒ カセヨ
안녕히 가세요!
さようなら。 | アンニョンヒ カセヨ
안녕히 가세요!
さようなら。 |

| チョシメソ カセヨ
조심해서 가세요.
気を付けてお帰りください。 | ト マンナヨ
또 만나요.
また、会いましょう。 | チャㇽ ガ
잘 가.
じゃあね。 | ト バァ
또 봐.
またね。 |

- 「안녕히 가세요」→ 無事に帰ってください。　「안녕히 계세요」→ 無事にいてください。
- 또 만나요、또 봐요、잘 가요 → 丁寧語　또 만나、또 봐、잘 가 → くだけた言い方

第3部 丁重な場で使える文型Ⅱ

第4部 日常の生活で使える文型

15

| 다녀오겠습니다.
行ってきます。 | 다녀오겠어요.
行ってきます。 | 다녀와. (娘に)
いってらっしゃい。 | 다녀오세요. (夫に)
いってらっしゃい。 |

| 다녀왔습니다.
ただいま（戻りました）。 | 다녀왔어요.
ただいま。 | 잘 다녀왔니?
お帰り。(娘に) | 잘 다녀오셨어요?
お帰りなさい。(夫に) |

| 생일 축하합니다.
誕生日おめでとうございます。 | 생일 선물 받으세요.
誕生日のプレゼント、受け取ってください。 |

| 많이 드세요.
たくさん召し上がってください。 | 잘 먹겠습니다.
いただきます。 | 잘 먹었습니다.
ご馳走様でした。 | 배불러요.
お腹いっぱいです。 |

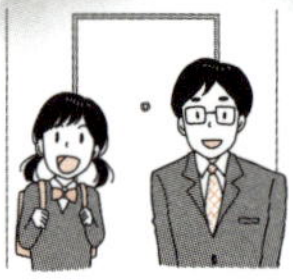

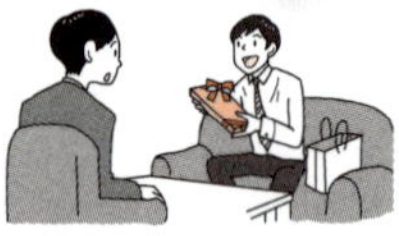

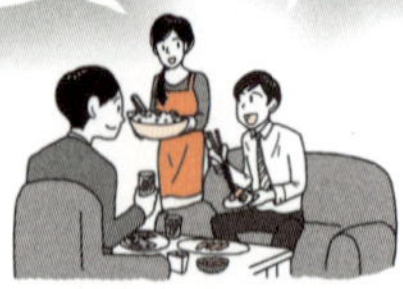

❀「많이 드세요」は、「많이 먹어요（たくさん食べて）」の尊敬語

新年のあいさつ

「あけましておめでとうございます」 → 새해 복 많이 받으세요（新しい年には幸福がたくさん訪れるように）
この挨拶は、暮れに「よいお年をお迎えください」の意味でも使えます。

第2課 旅行編 4

シルラホテル カ チュセヨ
신라호텔 가 주세요.
新羅ホテルに行ってください。

ネ アルゲッスムニダ
네 알겠습니다.
はい、かしこまりました。

ヨギソ モロヨ
여기서 멀어요?
ここから遠いですか。

アン モロヨ
안 멀어요.
遠くありません。

タ ワッスムニダ
다 왔습니다.
着きました。

ヨグミ オルマエヨ
요금이 얼마예요?
料金はいくらですか。

コスルムトヌン ピリョオプソヨ
거스름돈은 필요없어요.
おつりはいりません。

コマプスムニダ
고맙습니다.
ありがとうございます。

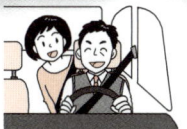

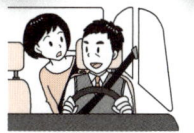

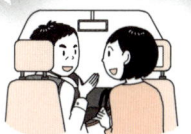

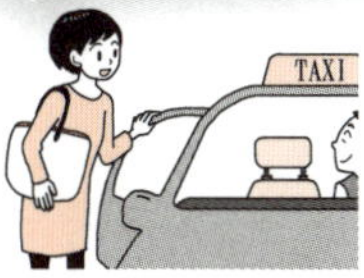

シルラホテルカジ プタカムニダ
「신라호텔까지 부탁합니다.（新羅ホテルまでお願いします）」も一緒に覚えましょう。

イェヤカションナヨ
예약하셨나요?
ご予約されましたか。

イルボネソ イェヤケッソヨ
일본에서 예약했어요.
日本で予約しました。

イバク サミル オンドル ルミムニッカ
2박 3일 온돌 룸입니까?
2泊3日、オンドルのルームですか。

ネ マジャヨ
네, 맞아요.
はい、そうです
（合ってますよ）。

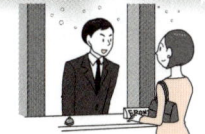

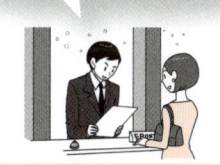

リムジンポスヌン オディソ タヨ
리무진버스는 어디서 타요?
リムジンバスはどこで乗りますか。

ミョンセジョマペソ タセヨ
면세점 앞에서
타세요.
免税店の前でお乗り
ください。

クンチョエ ピョニジョミ イッソヨ
근처에 편의점이 있어요?
近くにコンビニはありますか。

ホテル チハエ イッソヨ
호텔 지하에
있어요.
ホテルの地下に
あります。

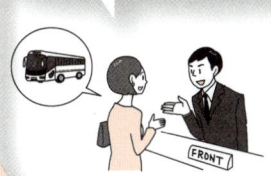

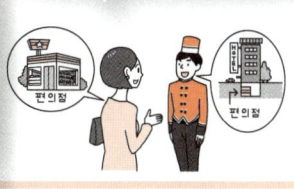

キョンボックンウン　オットケ　カ**ム**ニッカ
경복궁은 어떻게 갑니까?
景福宮はどのように行きますか。

チハチョ**ル**　サモソヌ**ル**　タゴ　キョンボックンニョゲソ　ネリセヨ
지하철 3호선을 타고 경복궁역에서 내리세요.
地下鉄３号線に乗って景福宮駅で降りてください。

キョンボックンウン　ヨゲソ　カッカウォヨ
경복궁은 역에서 가까워요?
景福宮は、駅から近いですか。

ネ　ク**ム**バンイエヨ
네, 금방이에요.
はい、すぐです。

ピョ　サヌン　コシ　オディエヨ
표 사는 곳이 어디예요?
チケット売り場は、どこですか。

ショットゥ　チョ**ム**　ヌルロ　チュセヨ
셔터 좀 눌러 주세요.
（カメラの）シャッターを
押してもらえませんか。

ハングンマ**ル**　モルラヨ
한국말 몰라요.
韓国語わかりません。

チョギ　ウェンチョギ**ム**ニダ
저기 왼쪽입니다.
あそこの左です。

🌸 「표 사는 곳」は、直訳すると「チケット買うところ」
🌸 景福宮：朝鮮王朝の王宮。

第3課　食事編　🔊 6

여기 주문 받으세요. (ヨギ チュムン パドゥセヨ)
こちらの注文を取ってください。

잠시만 기다리세요. (チャㇺシマン キダリセヨ)
少々お待ちください。

뭐가 맛있어요? (ムォガ マシッソヨ)
何が美味しいですか。

매운탕을 알아줘요. (メウンタンウル アラジュォヨ)
メウンタンが有名です。

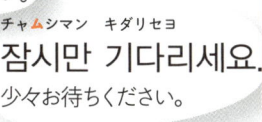

매운탕 2인분요. (メウンタン イインブンニョ)
メウンタン2人前ください。

덜 맵게 해주세요. (トゥㇽ メッケ ヘチュセヨ)
あまり辛くないようにしてください。

음식이 아직인데요. (ウㇺシギ アジギンデヨ)
料理がまだですよ。

지금 나갑니다. (チグㇺ ナガㇺニダ)
いま、出てきます。

- 「매운탕（メウンタン）」：魚や野菜が入った辛いなべ料理
- 韓国では、メイン料理を注文すると、おかず（반찬 パンチャン）は、ただで出てくるだけでなく、お代わりもできます。どうしても心配なときは、「無料ですか（공짜예요? コンチャエヨ／무료예요? ムリョエヨ）」または、「おかずは、ただで出ますか（반찬은 그냥 나와요? パンチャヌン クニャン ナワヨ）」と聞いてみましょう。食後のコーヒーもサービスしてくれるところが多いです。

어서 오세요. (オソ オセヨ)
いらっしゃいませ！

예약한 사람이에요. (イェヤカン サラミエヨ)
予約した者です。

이리 오세요. (イリ オセヨ)
こちらにどうぞ。

이쪽으로 앉으세요. (イッチョグロ アンズセヨ)
こちらへどうぞ（お座りください）。

일본어 메뉴 있어요? (イㇽボノ メニュ イッソヨ)
日本語のメニューありますか。

죄송합니다. 없어요. (チュエソンハㇺニダ オㇷ゚ソヨ)
申しわけありません。ありません。

주문 받겠습니다. (チュムン パッケッスㇺニダ)
注文をお受けします。

먼저 맥주 2병 갖다 주세요. 막걸리도요. (モンジョ メクチュ トゥビョン カッタチュセヨ マッコリドヨ)
まず、ビール2本（瓶）持ってきてください。マッコリもです。

- 日本語では「どうぞ」が、さまざまな場面で便利に使われますが、韓国語では、一語に収まりません。それぞれの場面で、それに準じた言葉を用います。

ミョッブニシジョ 몇 분이시죠? 何名様ですか。	タソンミョンニョ 다섯명요. 5人です。	チョム キダリショヤヘヨ 좀 기다리셔야 해요. ちょっと、お待ちいただくことになります。	クェンチャナヨ 괜찮아요. 大丈夫です。
チョギヨ 저기요. あの（すみません）。	ポジャンド テムニッカ 포장도 됩니까? 持ち帰りもできますか。	カヌンハムニダ 가능합니다. できます（可能です）。	チャプチェ ハナ ポジャンヘ チュセヨ 잡채 하나 포장해 주세요. チャプチェ一つ持ち帰りでお願いします。

- 日本で人に呼びかけるときに使う「すみません」をそのまま韓国で使うと、謝罪することになるので要注意。「저기요（あの）」や「여보세요（もしもし）」といいましょう。また、感謝を表すときも「すみません」ではなく「감사합니다（ありがとう）」が心に響きます。
- 「잡채（チャプチェ）」→ 野菜と肉の春雨炒め

ウリエ ウジョンウル 우리의 우정을! 我らの友情に。	ウィハヨ 위하여! ために。	コンベ 건배! 乾杯。	ウムシンマシ オッテヨ 음식 맛이 어때요? （料理の）お味はいかがですか。	メウォヨ ムル チュセヨ 매워요. 물 주세요. 辛いです。水ください。
センメクチュ ハナ ド チュセヨ 생맥주 하나 더 주세요. 生ビールもう一杯ください。	キムチ ド チュセヨ 김치 더 주세요. キムチお代わりください。	ケサネ チュセヨ 계산해 주세요. 会計(計算)お願いします。	イルシブリムニッカ 일시불입니까? 一括払いですか。

- 김치（キムチ）は、「キㇺチ」と発音してみましょう。
- 分割払い → 할부（ハㇽプ）

第4課　買い物編 8

^{ヨソンボン　メジャンウン　エスカレートゥー　ヨペ　イッソヨ}
여성복 매장은 에스컬레이터 옆에 있어요.
女性服の売り場は、エスカレーターの横にあります。

^{トクパロ　カミョン　テヨ}
똑바로 가면 돼요?
まっすぐ行けばいいですか。

^{イボバド　テヨ}
입어봐도 돼요?
着てみてもいいですか。

^{チャロウルリネヨ}
잘 어울리네요.
よく似合いますねぇ。

^{タルン　セ　ギッソヨ}
다른 색 있어요?
違う色、ありますか。

^{チュムナショヤ　テヨ}
주문하셔야 돼요.
取り寄せ(注文)しないとありません。

^{チュムナミョン　オルマナ　コルリョヨ}
주문하면 얼마나 걸려요?
取り寄せるとどのくらいかかりますか。

^{イルチュイル　ツム　コルリョヨ}
일주일 쯤 걸려요.
一週間くらいです。

^{クロム　ドェッソヨ}
그럼 됐어요.
それなら、結構です。

^{チョ　オッ　チョム　ポヨチュセヨ}
저 옷 좀 보여 주세요.
あの服、ちょっと見せてください。

^{ノム　ピッサヨ}
너무 비싸요.
ずいぶん高いですね。

^{ムルゴニ　チョアヨ}
물건이 좋아요.
品物がいいですよ。

^{マウメ　トゥロヨ}
마음에 들어요?
お気に入りますか。

^{イゴルロ　チュセヨ}
이걸로 주세요.
これをください。

^{チャル　サショッソヨ}
잘 사셨어요.
いい買い物しましたね。

^{ソンムリニカ　イェブゲ　サジュセヨ}
선물이니까 예쁘게 싸주세요.
プレゼントなので綺麗に包んでください。

^{ポジャン　チャレ　トゥリゲッスムニダ}
포장 잘 해 드리겠습니다.
綺麗にお包みします。

　在来市場で買い物をするときは、値引きが可能なものも多いので「高いです（비싸요^{ピッサヨ}）。まけてください（깎아주세요^{カッカジュセヨ}）。」と言ってみましょう。「좋아요^{チョアヨ}（いいですよ）」か、「안 돼요^{アンドェヨ}（だめですよ）」かの返事は、あなたの交渉次第です。

第2章 ハングルのなり立ち

ハングルは表音文字で、母音と子音が横や縦に組み合わさっています。
文字の形は、 子音＋母音 の形、 子音＋母音＋子音 の形があります。

母音（21個）：基本母音（10個）＋複合母音（11個）
子音（19個）：基本子音（14個）＋複合子音（5個）

ㅇ＋ㅏ＋ㄴ 子音＋母音＋子音　　ㅇ＋ㅛ 子音＋母音

안 녕 하 세 요. （アンニョンハセヨ：こんにちは）

ㅎ＋ㅏ 子音＋母音

第5課　基本母音（10個）  9

母音は、陰陽説に基づいて天（・）、地（—）、人（ｌ）を組み合わせたものであり、音には明るい音と暗い音があるとし、それを文字で表しています。

基本母音のなり立ち

① **陽母音**

- 「ㅏ(아)」：日本語の「ア」の発音
  （書き方は、人（ｌ）の右に天（・）を書く：ㅣ・→ ㅏ → 아）

- 「ㅗ(오)」：日本語の「オ」の発音
  （書き方は、天（・）の下に地（—）を書く：・̄ → ㅗ → 오）

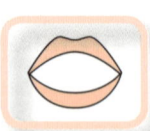

💡「ㅇ」は子音としての音はないので、母音だけの発音を示すときに使われます。

② **陰母音**

- 「ㅓ(어)」：日本語にない音で、「ア」の口をして「オ」を発音します。
  （書き方は、天（・）の右に人（ｌ）を書く：・ｌ → ㅓ → 어）

- 「ㅜ(우)」：日本語の「ウ」の発音
  （書き方は、地（—）の下に天（・）を書く：—̣ → ㅜ → 우）

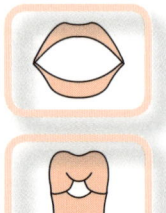

- 「ㅣ(이)」：日本語の「イ」の発音
   (書き方は、人（ㅣ）を書くだけ：ㅣ → 이)
- 「ㅡ(으)」：「イ」の口をして「ウ」を発音します。
   (書き方は、地（ㅡ）を書くだけ：ㅡ → 으)

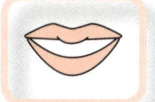

 「으」は子音がつくと母音の音が消えるため、子音だけの発音を示すときに使われます。

③ **半母音**（이「イ」が主母音の前に来て組み合わさった音）
- 야(이 + 아)：日本語の「ヤ」の発音
- 여(이 + 어)：日本語にない音で、「ア」の口をして「ヨ」を発音します。
- 요(이 + 오)：日本語の「ヨ」の発音
- 유(이 + 우)：日本語の「ユ」の発音

確認しよう！ 10

次の空欄に子音「ㅇ段」と母音を組み合わせて書きましょう。*（　）は発音を示す。

母音／子音	ㅏ (a)	ㅑ (ya)	ㅓ (eo)	ㅕ (yeo)	ㅗ (o)	ㅛ (yo)	ㅜ (u)	ㅠ (yu)	ㅡ (eu)	ㅣ (i)
ㅇ										

[書き方] （ㅇは、上から丸く書き始め上で結ぶ）

まず、子音「ㅇ」を書き、続いて母音を上から下、左から右へ書きます。

ㅓ、ㅕ、ㅜ、ㅠ は、左から右、上から下の順で書きます。

（「ㅇ」は、母音の左、または、上につくので、その位置に注意しましょう。）

答

아 (ア)	야 (ヤ)	어 (オ)	여 (ヨ)	오 (オ)	요 (ヨ)	우 (ウ)	유 (ユ)	으 (ウ)	이 (イ)

 어、여、으 は、便宜上、어(オ) 여(ヨ) 으(ウ) とカタカナ表記をしますが、오(オ) 요(ヨ) 우(ウ) とは発音が違うので注意しましょう。（②陰母音、③半母音を参考）

やってみよう！

次のハングルは、日本語を表記したものです。当てはまるものと線で結びましょう。

① 아야우이　●　　●　愛

② 유우이　　●　　●　大井

③ 야요이　　●　　●　弥生

④ 오야　　　●　　●　余裕

⑤ 오오이　　●　　●　危い

⑥ 오　　　　●　　●　お湯

⑦ 아이　　　●　　●　胃

⑧ 오오야　　●　　●　親

⑨ 야오야　　●　　●　大家

⑩ 요유우　　●　　●　青

⑪ 오유　　　●　　●　八百屋

⑫ 이　　　　●　　●　用意

⑬ 요우이　　●　　●　甥

⑭ 오이　　　●　　●　優位

⑮ 오우　　　●　　●　尾

⑯ 아유　　　●　　●　王

⑰ 아오　　　●　　●　鮎

答：① 아야우이（危い）　② 유우이（優位）　③ 야요이（弥生）　④ 오야（親）　⑤ 오오이（大井）
　　⑥ 오（尾）　⑦ 아이（愛）　⑧ 오오야（大家）　⑨ 야오야（八百屋）　⑩ 요유우（余裕）
　　⑪ 오유（お湯）　⑫ 이（胃）　⑬ 요우이（用意）　⑭ 오이（甥）　⑮ 오우（王）　⑯ 아유（鮎）
　　⑰ 아오（青）

第6課　基本子音（14個）

　声帯から出た音は、口（舌、歯、唇）や鼻の動きによって、いろいろな音に変わっていきます。子音は、その発声器官の動きを文字にしたものです。

基本子音のなり立ち

- 舌根が口の奥に一瞬触れ、放されたときに出る音：ㄱ（g）
- 舌先が上歯の裏に触れて出る音：ㄴ（n）
- 唇が開閉して出る音：ㅁ（m）
- 歯と歯の間の狭いところを通って出る音：ㅅ（s）
- ゼロ音：ㅇ（空気を出す喉の形）

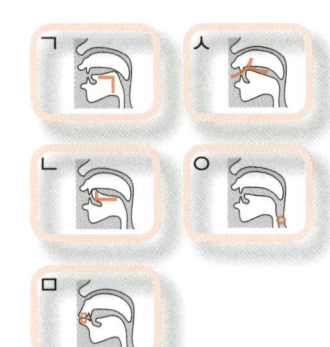

　上記の五つの音は、息を強く出したり、舌先を上あごにつけるなどで音声が変わり、それには、元の子音に字画を一つ付け加えて、その違いを表しています。

ㄱ（g ガ行）　→　ㅋ（k カ行）

ㄴ（n ナ行）　→　ㄷ（d ダ行）　→　ㅌ（t タ行）　→　ㄹ（r ラ行）

ㅁ（m マ行）　→　ㅂ（b バ行）　→　ㅍ（p パ行）

ㅅ（s サ行）　→　ㅈ（j ジャ行）　→　ㅊ（ch）

ㅇ（無音）　→　ㅎ（h ハ行）

＊このようにして作られた子音は、音の性質から五つに分類されます。　🎧11

平音	穏やかに息を出して発音	ㄱ（g）、ㄷ（d）、ㅂ（b）、ㅅ（s）、ㅈ（j）
激音	息を強く出して発音	ㅋ（k）、ㅌ（t）、ㅍ（p）、ㅊ（ch）
濃音	（複合子音で勉強） 息を出さずに発音（p.34 参考）	ㄲ（kk）、ㄸ（tt）、ㅃ（pp）、ㅆ（ss）、ㅉ（jj）
鼻音	空気を鼻に通して発音	ㄴ（n）、ㅁ（m）
流音	舌先を上あごにつけ、舌の両側に空気を流して発音	ㄹ（r）

音声は母音の「ㅏ（a）」をつけて発音しています。

確認しよう！ ✏️

1) 次の文字表に基本子音と基本母音を組み合わせて書きましょう。

文字表Ⅰ　「反切表」が正式名　　*（ ）は発音を示す。

> 表の子音「ㅇ」段を参考に「ㅇ」の位置に子音を入れ替えればOK

子音＼母音	ㅏ (a)	ㅑ (ya)	ㅓ (eo)	ㅕ (yeo)	ㅗ (o)	ㅛ (yo)	ㅜ (u)	ㅠ (yu)	ㅡ (eu)	ㅣ (i)
ㄱ (g, k)										
ㄴ (n)										
ㄷ (d, t)										
ㄹ (l, r)										
ㅁ (m)										
ㅂ (b, p)										
ㅅ (s)										
ㅇ	아	야	어	여	오	요	우	유	으	이
ㅈ (j, ch)										
ㅊ (ch)										
ㅋ (k)										
ㅌ (t)										
ㅍ (p)										
ㅎ (h)										

[書き方]

- 母音と同じで、左から右へ、上から下へ書きます。
- 子音と母音は、くっつけて書かず、気持ち離して書きます。
- ㄱ と ㅋ は、母音の左に付くか、上に付くかで形が少し変わります。
  가, 카, 고, 코, 구, 쿠, 그
- ㅓ, ㅕ, ㅗ, ㅛ 段は、子音の中に母音がおさまるように書きます。
  녀, 더, 러, 쇼
- ㅈ, ㅌ, ㅎ の書き方は、二通り、ㅊ の書き方は、三通りあります。

  ㅈ ＝ ス, ㅊ ＝ ㅊ ＝ ㅊ, ㅌ ＝ ㅌ, ㅎ ＝ ㅎ

- ㅂ は、両方の縦棒を先に書きます。

2）次の文字表Ⅰの完成表をなぞって書き、音声を聞いて発音しましょう。 🎧12

※ p.31 の五十音表も参考にしましょう。

子音＼母音	ㅏ(a)	ㅑ(ya)	ㅓ(eo)	ㅕ(yeo)	ㅗ(o)	ㅛ(yo)	ㅜ(u)	ㅠ(yu)	ㅡ(eu)	ㅣ(i)
ㄱ(g, k)	가	갸	거	겨	고	교	구	규	그	기
ㄴ(n)	나	냐	너	녀	노	뇨	누	뉴	느	니
ㄷ(d, t)	다	댜	더	뎌	도	됴	두	듀	드	디
ㄹ(l, r)	라	랴	러	려	로	료	루	류	르	리
ㅁ(m)	마	먀	머	며	모	묘	무	뮤	므	미
ㅂ(b, p)	바	뱌	버	벼	보	뵤	부	뷰	브	비
ㅅ(s)	사	샤	서	셔	소	쇼	수	슈	스	시
ㅇ	아	야	어	여	오	요	우	유	으	이
ㅈ(j, ch)	자	쟈	저	져	조	죠	주	쥬	즈	지
ㅊ(ch)	차	챠	처	쳐	초	쵸	추	츄	츠	치
ㅋ(k)	카	캬	커	켜	코	쿄	쿠	큐	크	키
ㅌ(t)	타	탸	터	텨	토	툐	투	튜	트	티
ㅍ(p)	파	퍄	퍼	펴	포	표	푸	퓨	프	피
ㅎ(h)	하	햐	허	혀	호	효	후	휴	흐	히

[発音上の注意]

- 韓国語は、語頭がはっきりと発音されるため、初声の子音が濁音になることはありません。つまり、ㄱ(g), ㄷ(d), ㅂ(b), ㅈ(j) は、語頭にくるときは、ㅋ(k), ㅌ(t), ㅍ(p), ㅊ(ch) よりは弱いですが、これに似た発音になります。そのため、日本人には、ㅋ(k), ㅌ(t), ㅍ(p), ㅊ(ch) に聞こえてしまいます。

  この ㄱ(g), ㄷ(d), ㅂ(b), ㅈ(j) が濁音のように発音されるのは、二番目以後の文字 **（条件→この文字の前に母音で終わる文字が存在する）** になったときです。

  例） 고기（肉）→ ko**g**i 〈濁音〉   기고（寄稿）→ ki**g**o 〈清音〉

 ㅋ(k), ㅌ(t), ㅍ(p), ㅊ(ch) は、激音と言い日本語の清音より息を強く出して発音します。
韓国語の 가、카 と、日本語のガ、カの音の違いを表すと、次のようになります。

濁音に近くなる ← ガ ＜ 가 ＜ カ ＜ 카 → 激音に近くなる

> この ㄱ(g), ㄷ(d), ㅂ(b), ㅈ(j) が持つ特徴は、韓国語のローマ字表記についても賛否両論を巻き起こしています。そもそも、ローマ字表記では、ㄱ(g), ㄷ(d), ㅂ(b), ㅈ(j) が、語頭にくると、ㄱ(k), ㄷ(t), ㅂ(p), ㅈ(ch) に表記していました。それが、2000年度以後に新しいローマ字表記法ができて、文字通りの表記に改められました。
> （人名は、個人の意思にゆだねています）
> 地名の例：부산（釜山）PUSAN → BUSAN
> 　　　　　제주도（済州島）CHEJU-DO → JEJU-DO
> 人名の例：김（金）：KIM または GIM　　박（朴）：PAK または BAK

- 子音、ㅈ(j)、ㅊ(ch) は、半母音「ㅑ, ㅕ, ㅛ, ㅠ」がつくと主母音「ㅏ, ㅓ, ㅗ, ㅜ」に発音されます。すなわち、文字表の左隣の文字と同じ発音になります。

  쟈 = 자　져 = 저　죠 = 조　쥬 = 주　　챠 = 차　쳐 = 처　쵸 = 초　츄 = 추

  져, 쳐 以外は、外来語など、ごく一部でしか使われず、外国語表記も主母音で表記する場合が多いです。

  例：ジュース → 주스（쥬스）　　新宿 → 신주쿠（신쥬쿠）　　チャンス → 찬스（챤스）

- ㄹ は一定のルールによって、ローマ字でl または、r で表記しますが、二つの発音に対する厳密な区別はありません。

🖊 日本語の「ん」を表す文字は、独立した文字ではなく、前の文字の下に子音「ㄴ」をつけて書きます。

やってみよう！

1) 次の韓国語は、漢字語であり、日本語と発音が似ています。合うものを表の中の日本語の下に書き入れましょう。（ノートに何回も単語を書いて覚えるようにしましょう）　🎧 13

가구　도시　무료　차　토지　시민　준비　산
조사　산소　사기　치료　무리　지리　시　온도

山	土地	調査	詐欺	無理	茶	都市	酸素
地理	無料	詩	治療	準備	家具	市民	温度

答：山（산）、土地（토지）、調査（조사）、詐欺（사기）、無理（무리）、茶（차）、都市（도시）、酸素（산소）、地理（지리）、無料（무료）、詩（시）、治療（치료）、準備（준비）、家具（가구）、市民（시민）、温度（온도）

2）次の日本語や外来語をハングルで書きましょう。

① 桜	② サイダ	③ ママ	④ パパ	⑤ ピアノ
⑥ バナナ	⑦ コリア	⑧ サムライ	⑨ 富士山	⑩ 折り紙

答：① 사쿠라　② 사이다　③ 마마　④ 파파　⑤ 피아노
　　⑥ 바나나　⑦ 코리아　⑧ 사무라이　⑨ 후지산　⑩ 오리가미

3）어/오　여/요　으/우　の発音の区別をしましょう。　🎧 14
次の発音を聞き、①、②のどれか当ててみましょう。

発音練習　　　　　　　　　　　　　　**書く練習**

女子	① 여자	② 요자	_____
余裕	① 여유	② 요유	_____
ドライ	① 두라이	② 드라이	_____
君	① 노	② 너	_____
肉	① 고기	② 거기	_____
音	① 서리	② 소리	_____
彼	① 그이	② 구이	_____
要求	① 요구	② 여구	_____
チョゴリ	① 조고리	② 저고리	_____
コーヒー	① 커피	② 코피	_____
酢	① 초	② 처	_____
母親	① 어모니	② 어머니	_____
父親	① 아버지	② 아보지	_____
きっぷ	① 펴	② 표	_____
頭	① 머리	② 모리	_____
料理	① 여리	② 요리	_____
腰	① 호리	② 허리	_____

答：女子 ①　余裕 ①　ドライ ②　君 ②　肉 ①　音 ②　彼 ①　要求 ①　チョゴリ ②
　　コーヒー ①　酢 ①　母親 ②　父親 ①　きっぷ ②　頭 ①　料理 ②　腰 ②

第 7 課　日本語の五十音に並べ替え

日本語の五十音に並べ替えるには、韓国語の基本母音と子音以外にも必要な文字があり、また、発音の表記に違いがあるものがあります。

確認しよう！　次の空欄に合う韓国語を書き入れましょう。

あ行	あ	い	う	え / 에	お	や	ゆ	イェ / 예	よ
か行	か	き	く	け / 케	こ	きゃ	きゅ		きょ
	が	ぎ	ぐ	げ / 게	ご	ぎゃ	ぎゅ		ぎょ
さ行	さ	し	す / 스	せ / 세	そ	しゃ	しゅ		しょ
	ざ / 자	じ / 지	ず / 즈	ぜ / 제	ぞ / 조	じゃ / 자	じゅ / 주	ジェ / 제	じょ / 조
た行	た	ち / 치	つ / ᄎ	て / 테	と	ちゃ / 차	ちゅ / 추	チェ / 체	ちょ / 초
		ティ / 티	トゥ / 투				テュ / 튜		
	だ	ぢ / 지	づ / 즈	で / 데	ど				
		ディ / 디	ドゥ / 두				デュ / 듀		
な行	な	に	ぬ	ね / 네	の	にゃ	にゅ		にょ
は行	は	ひ	ふ	へ / 헤	ほ	ひゃ	ひゅ		ひょ
	ば	び	ぶ	べ / 베	ぼ	びゃ	びゅ		びょ
	ぱ	ぴ	ぷ	ぺ / 페	ぽ	ぴゃ	ぴゅ		ぴょ
ま行	ま	み	む	め / 메	も	みゃ	みゅ		みょ
ら行	ら	り	る	れ / 레	ろ	りゃ	りゅ		りょ
わ行	わ / 와						ん / ㄴ		っ / ㅅ

答：次は、五十音表を書き入れたものです。

あ行	あ	い	う	え	お	や	ゆ	イェ	よ
	아	이	우	에	오	야	유	예	요
か行	か	き	く	け	こ	きゃ	きゅ		きょ
	카	키	쿠	케	코	캬	큐		쿄
	が	ぎ	ぐ	げ	ご	ぎゃ	ぎゅ		ぎょ
	가	기	구	게	고	갸	규		교
さ行	さ	し	す	せ	そ	しゃ	しゅ		しょ
	사	시	스	세	소	샤	슈		쇼
	ざ	じ	ず	ぜ	ぞ	じゃ	じゅ	ジェ	じょ
	자	지	즈	제	조	자	주	제	조
た行	た	ち	つ	て	と	ちゃ	ちゅ	チェ	ちょ
	타	치	츠	테	토	차	추	체	초
		ティ	トゥ				テュ		
		티	투				튜		
	だ	ぢ	づ	で	ど				
	다	지	즈	데	도				
		ディ	ドゥ				デュ		
		디	두				듀		
な行	な	に	ぬ	ね	の	にゃ	にゅ		にょ
	나	니	누	네	노	냐	뉴		뇨
は行	は	ひ	ふ	へ	ほ	ひゃ	ひゅ		ひょ
	하	히	후	헤	호	햐	휴		효
	ば	び	ぶ	べ	ぼ	びゃ	びゅ		びょ
	바	비	부	베	보	뱌	뷰		뵤
	ぱ	ぴ	ぷ	ぺ	ぽ	ぴゃ	ぴゅ		ぴょ
	파	피	푸	페	포	퍄	퓨		표
ま行	ま	み	む	め	も	みゃ	みゅ		みょ
	마	미	무	메	모	먀	뮤		묘
ら行	ら	り	る	れ	ろ	りゃ	りゅ		りょ
	라	리	루	레	로	랴	류		료
わ行	わ						ん		っ
	와						ㄴ		ㅅ

✿ 日本語の「え」行と「わ」、「イェ（예）」は、韓国語では複合母音になります。（p.36 参考）

31

発音と書き方の違い

① 日本語の「す」「ず」「つ」は、母音「ウ」をほとんど発音しないので、韓国語では、それに対応するため、母音「ㅡ」を用います。

「す」→ 스(○) 수(×)　　「ず」→ 즈(○) 주(×)　　「つ」→ 츠(○) 추(×)

② 日本語の「つ」に対する正式な韓国語表記は、「쓰（ッス）」ですが、「つ」に近い音である「츠（つ）」もあるため、実際には、両方が使われています。ここでは「츠」で表記しています。

③ 日本語のざ(za)、ぜ(ze)、ぞ(zo) は、韓国語にない発音であるため、ざ⇒じゃ、ぜ⇒ジェ、ぞ⇒じょ の表記で対応しています。
（語頭にくると、ざ＝じゃ＝ちゃ、じ＝ち、じゅ＝ちゅ、ぜ＝ジェ＝ちぇ、ぞ＝じょ＝ちょ は同じ音になります。）

④ 日本語の「タ」行と「ダ」行は、「チ」「ツ」「ヂ」「ヅ」の書き方に注意しましょう。「タ」行は、ta(タ타) ti(ティ티) tu(トゥ투) te(テ테) to(ト토) のように並べられているのではなく、タ(ta타) チ(chi치) ツ(tsu츠) テ(te테) ト(to토) となっています。「ダ」行も同様。

⑤ 日本語の「ん」と「っ」は独立した文字ではなく、前の文字に従属する文字と考え、「ん」→「ㄴ」、「っ」→「ㅅ」のように子音だけを前の文字の下に書いて表記します。

「万」→ 만(○) 마ㄴ(×)　　「サッポロ」→ 삿포로(○) 사ㅅ포로(×)

やってみよう！✏️

1) 五十音を参考に次の人名、地名などをハングルで書きましょう。

加藤：_____　　後藤：_____　　江上：_____　　田中：_____

鈴木：_____　　清水：_____　　塚本：_____　　東京：_____

銀座：_____　　千代田区：_____　　群馬：_____　　北海道：_____

答：加藤：가토　後藤：고토　江上：에가미　田中：다나카　鈴木：스즈키　清水：시미즈　塚本：츠카모토
東京：도쿄　銀座：긴자　千代田区：지요다쿠　群馬：군마　北海道：홋카이도

- 日本語の長音は省略して書きます。東京 → 도쿄（도우쿄우）
- 韓国語では語頭が濁音にならないため、語頭に来る文字は、清音でも、濁音でも同じ表記になります。「後藤さん」は、違う名前に聞こえるかも知れません。

語頭は、清音に対応する「激音」で書いても OK です。

例：トヨタ → 도요타 = 토요타

 人名は、次の例のようにいろいろな書き方をしても OK です。

例：加藤 → 가토 = 가토우 = 카토 = 카토우　　塚本 → 츠카모토 = 쓰카모토

2) **日本語をハングルで書いたしりとりです。空欄を埋めましょう。**

코리아 → (○○) → 메다카 → (○○○) → 라쿠다 → (○○○) → 우마 → (○○) → 리스 → (○○○) → 카라스 → (○○) → 시카 → (○○) → 키쿠 → (○○○) → 마린바 → (○○) → 나베 → (○○○) → 스푼

答：코리아 → (아메) → 메다카 → (카메라) → 라쿠다 → (다초우) → 우마 → (마리) → 리스 → (스이카) → 카라스 → (스시) → 시카 → (카키) → 키쿠 → (쿠루마) → 마린바 → (바나나) → 나베 → (베이스) → 스푼

3) **次の韓国語は外来語です。カタカナで書きましょう。** 🎧15

- 韓国語では長音はアクセントやニュアンスで表現するため表記しません。
- 母音「ㅡ」は、子音だけが発音されることを表します。
- 「f」、「t」、「d」の発音表記には、韓国語と日本語でかなりの違いがあります。
  （韓国語では「f」の表記は「ㅍ（p）」で対応します。）

① 가이드 (　　　)　② 뉴스 (　　　)　③ 디저트 (　　　)
④ 드라마 (　　　)　⑤ 라디오 (　　　)　⑥ 미터 (　　　)
⑦ 버스 (　　　)　⑧ 버터 (　　　)　⑨ 서비스 (　　　)
⑩ 소파 (　　　)　⑪ 스카프 (　　　)　⑫ 스커트 (　　　)
⑬ 스타트 (　　　)　⑭ 스포츠 (　　　)　⑮ 오피스 (　　　)
⑯ 커피 (　　　)　⑰ 카피 (　　　)　⑱ 코트 (　　　)
⑲ 투어 (　　　)　⑳ 포크 (　　　)

答：① ガイド　② ニュース　③ デザート　④ ドラマ　⑤ ラジオ　⑥ メートル　⑦ バス　⑧ バター　⑨ サービス　⑩ ソファー　⑪ スカーフ　⑫ スカート　⑬ スタート　⑭ スポーツ　⑮ オフィス　⑯ コーヒー　⑰ コピー　⑱ コート　⑲ ツアー　⑳ フォーク

第 8 課　複合子音（5個）

これまで平音と激音を紹介しましたが、ここでは、「濃音」を紹介しましょう。(p.25 参考)

複合子音のなり立ち　🎧16

複合子音は、平音の文字を重ねて書き、音の性質では濃音と分類されます。濃音は、激音のように息を激しく出すのではなく、まったく息を出さないで発音します。

平音	激音	濃音	/ 発音のコツ
ㄱ(g) → 가(ga)	ㅋ(k) → 카(ka)	ㄲ(kk) → 까(kka)	/ まっ<u>か</u>
ㄷ(d) → 다(da)	ㅌ(t) → 타(ta)	ㄸ(tt) → 따(tta)	/ いっ<u>た</u>
ㅂ(b) → 바(ba)	ㅍ(p) → 파(pa)	ㅃ(pp) → 빠(ppa)	/ かっ<u>ぱ</u>
ㅅ(s) → 사(sa)		ㅆ(ss) → 싸(ssa)	/ とっ<u>さ</u>
ㅈ(j) → 자(ja)	ㅊ(ch) → 차(cha)	ㅉ(jj) → 짜(jja)	/ まっ<u>ちゃ</u>

確認しよう！　🎧17

次の文字表に複合子音と基本母音を組み合わせて書きましょう。

▉は、現在使われていません

	ㅏ	ㅑ	ㅓ	ㅕ	ㅗ	ㅛ	ㅜ	ㅠ	ㅡ	ㅣ
ㄲ		▉						▉		
ㄸ										
ㅃ										
ㅆ										
ㅉ					▉					

❋ ㄲ は ㄱ や ㅋ と同様に、母音の左に付くか上に付くかで形が少し変わります。　까　꼬

答

	ㅏ	ㅑ	ㅓ	ㅕ	ㅗ	ㅛ	ㅜ	ㅠ	ㅡ	ㅣ
ㄲ	까		꺼	껴	꼬	꾜	꾸		끄	끼
ㄸ	따		떠		또		뚜		뜨	띠
ㅃ	빠		뻐	뼈	뽀	뾰	뿌		쁘	삐
ㅆ	싸		써		쏘	쑈	쑤		쓰	씨
ㅉ	짜		쩌	쪄	쪼		쭈		쯔	찌

❋ 子音「ㅉ」は、母音「ㅕ」がつくと主母音「ㅓ」に発音されます。　쪄 → 쩌

[発音上の注意]

❋ 濃音は、まず、捨て仮名「っ」を発音するつもりで口を構え（喉を詰まらせ）て、それから発音します。

🌸 手のひらを口の前にかざし、息が出てないか確認しながら発音しましょう。（日本語も、小さい「っ」に続く子音は、濃音のように発音されます。「にほん」→「ニッポン」）

やってみよう！✏️

1) 複合子音（濃音）が使われた左の単語を右の空欄に書き写して、発音してみましょう。
（ノートに何回も単語を書いて覚えるようにしましょう）　🎧18

까치 (カササギ)		토끼 (うさぎ)		꼬리 (しっぽ)	
또 (また)		띠 (帯、干支)		따로 (別々)	
아빠 (パパ)		오빠 (兄)		뿌리 (根っこ)	
아가씨 (お嬢さん)		아저씨 (おじさん)		비싸다 (値段が高い)	
가짜 (偽物)		진짜 (本物)		공짜 (無料の物)	

🌸 진짜（本物）の「진」は、「chin」と発音します。(p.44、p.45 参考)
🌸 공짜（無料の物）の「공」は、「kong」と発音します。(p.44、p.45 参考)

2) 次は発音が似ていますが、全く違う言葉です。左の単語を右の空欄に書き写して、発音してみましょう。　🎧19

平音		激音		濃音	
고다 (煮込む)		코다 (鼻だ)		꼬다 (ねじる)	
단다 (吊るす)		탄다 (焦げる)		딴다 (摘む)	
비다 (空く)		피다 (咲く)		삐다 (くじく)	
사다 (買う)				싸다 (安い)	
자다 (寝る)		차다 (冷たい)		짜다 (塩辛い)	

3) 次は、発音を間違えると、違う意味に聞こえる単語です。同じものと線で結びましょう。
🎧20

아파　아빠　가자　가짜　고리　꼬리　크다　끄다　지다　치다　찌다
・　　・　　・　　・　　・　　・　　・　　・　　・　　・　　・

・　　・　　・　　・　　・　　・　　・　　・　　・　　・　　・
痛い　パパ　行こう　偽物　輪っか　しっぽ　大きい　消す　負ける　打つ　蒸す

答：すぐ下が答（一直線で結ばれていること）

第9課　複合母音（11個）

複合母音のなり立ち

　複合母音は、基本母音を組み合わせて表記します。発音は、左右の母音を分けて考え、その二つの音を同時に発音します。

　次の表は、子音「○段」と複合母音を組み合わせたものです。「○」の位置を確認しながらなぞり書きし、発音しましょう。（書き方：左から右。와〜의 は、左と右の母音は少し離して書きます。左右母音がはまる位置に注意しましょう。）

> 口をすぼめて開く動作を一息に行い発音します。

母音\子音	ㅐ(ae)	ㅒ(yae)	ㅔ(e)	ㅖ(ye)	ㅘ(wa)	ㅙ(wae)	ㅚ(oe)	ㅝ(wo)	ㅞ(we)	ㅟ(wi)	ㅢ(ui)
ㅇ	애	얘	에	예	와	왜	외	워	웨	위	의

★複合母音の組み合わせと発音のコツ★

① 애：아 + 이 の複合文字。「エ」と発音。（現代では、에（어 + 이）と同音）

② 얘：이 + 애 の複合文字。「イェ」と発音。（現代では、예（이 + 에）と同音）

③ 와：오 + 아 の複合文字。「ワ」と発音。（左右文字「オ（ウ）」と「ァ」を同時に発音）

④ 왜：오 + 애 の複合文字。「ウェ」と発音。（외（오 + 이）、웨（우 + 에）と同音）

（왜 と 웨 の最初の発音、오「オ」、우「ウ」は、口をすぼめるためにあるので、発音しやすい「ウ」で統一しましょう。日本では、「オェ」ではなく「ウェ」の表現が定着しています。）

⑤ 워：우 + 어 の複合文字。「ウォ」と発音。（左右文字「ウ」と「ォ」を同時に発音）

⑥ 위：우 + 이 の複合文字。「ウィ」と発音。（左右文字「ウ」と「ィ」を同時に発音）

⑦ 의：으 + 이 の複合文字。「ゥイ」と発音。（左右文字「ゥ」と「イ」を同時に発音）

> 「ウ」より「イ」の音を強調して発音

確認しよう！

1）次の文字表に基本子音と複合母音を組み合わせて書きましょう。

文字表 II　＊（　）は発音を示す。

> 表の子音「ㅇ」段を参考に「ㅇ」の位置に子音を入れ替えればOK

	ㅐ(ae)	ㅒ(yae)	ㅔ(e)	ㅖ(ye)	ㅘ(wa)	ㅙ(wae)	ㅚ(oe)	ㅝ(wo)	ㅞ(we)	ㅟ(wi)	ㅢ(ui)
ㄱ(g, k)											
ㄴ(n)											
ㄷ(d, t)											
ㄹ(l, r)											
ㅁ(m)											
ㅂ(b, p)											
ㅅ(s)											
ㅇ	애	얘	에	예	와	왜	외	워	웨	위	의
ㅈ(j, ch)											
ㅊ(ch)											
ㅋ(k)											
ㅌ(t)											
ㅍ(p)											
ㅎ(h)											

　■は現在、文字として存在していません。

　■は文字としては存在しますが、ほとんど使われていないものです。

37

2）次の文字表Ⅱの完成表をなぞって書き、音声を聞いて発音しましょう。 🎧22

	ㅐ (ae)	ㅒ (yae)	ㅔ (e)	ㅖ (ye)	ㅘ (wa)	ㅙ (wae)	ㅚ (oe)	ㅝ (wo)	ㅞ (we)	ㅟ (wi)	ㅢ (ui)
ㄱ(g, k)	개	*걔	게	*계	과	괘	괴	궈	궤	귀	•긔
ㄴ(n)	내	냬	네		놔		뇌	눠	눼	뉘	•늬
ㄷ(d, t)	대		데	뎨	돠	돼	되	둬	뒈	뒤	•듸
ㄹ(l, r)	래		레	*례	롸		뢰	뤄	뤠	뤼	
ㅁ(m)	매		메	몌	뫄		뫼	뭐	뭬	뮈	
ㅂ(b, p)	배		베	볘	봐	봬	뵈	붜	붸	뷔	
ㅅ(s)	새	*섀	세	셰	솨	쇄	쇠	숴	쉐	쉬	
ㅇ	애	얘	에	예	와	왜	외	워	웨	위	의
ㅈ(j, ch)	재	*쟤	제	졔	좌	좨	죄	줘	줴	쥐	
ㅊ(ch)	채		체	쳬	촤		최	춰	췌	취	
ㅋ(k)	캐		케	켸	콰	쾌	쾨	쿼	퀘	퀴	
ㅌ(t)	태		테	톄	톼	퇘	퇴	퉈	퉤	튀	•틔
ㅍ(p)	패		페	*폐	파		푀	풔		퓌	
ㅎ(h)	해		헤	*혜	화	홰	회	훠	훼	휘	•희

＊：左隣の文字と同じ発音。　●：母音が「이（イ）」の発音

★複合母音に子音がついた場合の発音のコツ★

（p.36「複合母音の組み合わせと発音のコツ」を参考）

- 와 は、分けると 오ㅏ　오 と ㅏ（아）が現れる。「オ（ウ）」と「ァ」を同時に発音。
- 봐 は、分けると 보ㅏ　보 と ㅏ（아）が現れる。「ボ（ブ）」と「ァ」を同時に発音。
- 뭐 は、무ㅓ → 무（ム）と 어（オ）を同時に発音。
- 귀 は、구ㅣ → 구（ク（グ））と 이（イ）を同時に発音。

「외」段の発音

須恵（スエ）器は、韓国語の「쇠（鉄）」から来ていることばで、鉄のように硬い器という意味だそうです。

- 쇠 は、소（ソ）と 이（イ）の複合ですが、쇄、쉐と同様に「スェ」と発音します。但し、쇠・쇄・쉐は「シュェ」、쉬は「シュィ」に聞こえることがあります。（p.36 参考）
- 최 は「チュエ」と発音します。日本では「チェ（채, 체）」と表記されており、최（崔）さんと 채（蔡）さんの区別が付かなくなっています。発音に注意しましょう。

3） 文字表Ⅱの中でよく使われる文字をカタカナで書きましょう。

애	얘	에	예	와	왜	외	워	웨	위
의		캐	케	콰	쾌	쾨	쿼	퀘	퀴
개	걔	게	계	과	괘	괴	궈	궤	귀
새	섀	세	솨	쇄	쇠	숴	쉐	쉬	
재	쟤	제	좌	좨	죄	줘	줴	쥐	
채	체	촤	최	춰	취		뫼	뭐	뮈
퇴	튀		돼	되	둬	뒤		뢰	뤼
놔	뇌	눠	뉘	늬		봐	뵈	붜	븨
해	헤	혜	화	홰	회	훠	훼	휘	희

答

애	얘	에	예	와	왜	외	워	웨	위
エ	イェ	エ	イェ	ワ	ウェ	ウェ	ウォ	ウェ	ウィ
의		캐	케	콰	쾌	쾨	쿼	퀘	퀴
ウイ		ケ	ケ	クァ	クェ	クェ	クォ	クェ	クィ
개	걔	게	계	과	괘	괴	궈	궤	귀
ゲ	ゲ	ゲ	ゲ	グァ	グェ	グェ	グォ	グェ	グィ
새	섀	세	솨	쇄	쇠	숴	쉐	쉬	
セ	セ	セ	スァ	スェ	スェ	スォ	スェ	スィ	
재	쟤	제	좌	좨	죄	줘	줴	쥐	
ジェ	ジェ	ジェ	ジュア	ジュエ	ジュエ	ジュオ	ジュエ	ジュイ	
채	체	촤	최	춰	취		뫼	뭐	뮈
チェ	チェ	チュア	チュエ	チュオ	チュイ		ムェ	ムォ	ムィ
퇴	튀		돼	되	둬	뒤		뢰	뤼
トゥエ	トゥイ		ドゥエ	ドゥエ	ドゥオ	ドゥイ		ルェ	ルィ
놔	뇌	눠	뉘	늬		봐	뵈	붜	븨
ヌァ	ヌェ	ヌォ	ヌィ	ニ		ブァ	ブェ	ブォ	ブィ
해	헤	혜	화	홰	회	훠	훼	휘	희
ヘ	ヘ	ヘ	ファ	フェ	フェ	フォ	フェ	フィ	ヒ

4）複合子音と複合母音を組み合わせてみましょう。 🔊23　■は、現在使われていません

	ㅐ	ㅒ	ㅔ	ㅖ	ㅘ	ㅙ	ㅚ	ㅝ	ㅞ	ㅟ	ㅢ
ㄲ		■		■							■
ㄸ		■		■				■			
ㅃ		■		■	■	■		■	■	■	■
ㅆ		■		■							
ㅉ		■		■				■		■	

答

	ㅐ	ㅒ	ㅔ	ㅖ	ㅘ	ㅙ	ㅚ	ㅝ	ㅞ	ㅟ	ㅢ
ㄲ	깨		께		꽈	꽤	꾀	꿔	꿰	뀌	
ㄸ	때		떼		똬	뙈	뙤		뛔	뛰	띄
ㅃ	빼		뻬				뾔				
ㅆ	쌔		쎄		쏴	쐐	쐬	쒀	쒜	쒸	씌
ㅉ	째		쩨		쫘	쫴	쬐	쭤		쮜	

［発音上の注意］

❀ 複合母音「ㅒ（얘）」や「ㅖ（예）」は、子音が組み合わさると、その主母音、「ㅐ（애）」や「ㅔ（에）」に発音されます。つまり、「イェ」→「エ」になります。

　　例） 계산（計算）→ 게산　　시계（時計）→ 시게　　지혜（知恵）→ 지헤

　　　　 폐지（廃止）→ 페지　　차례（順番）→ 차레

❀ 複合母音「ㅢ（의）」は、語頭に来るときだけ、「의（ゥイ）」と発音され、語頭以外や子音が組み合わさると、「이（イ）」に発音されます。

　　例） ① 語頭：의사（医師）→ 의사と発音

　　　　 ② 語頭以外：주의（注意）→ 주이と発音

　　　　 ③ 子音：무늬（模様）→ 무니、희소（希少）→ 히소、씌우다（被せる）→ 씨우다

> 「의」は、所有格助詞「の」の意味で使われる場合は、「에（エ）」と発音します。（p.222 参考）

ことわざ

「그림의 떡（絵の中の餅：高嶺の花）」→「그림에 떡」と発音

チェック✓

子音「ㅇ」が上に付く複合母音は、語頭に来るときは、しっかり発音しますが、二番目以降にくると、簡単に発音されることがよくあります。すなわち、左の「口をすぼめる役割」をする、오「オ」、우「ウ」が省略され、右の母音だけが発音されます。

例）전화（電話）→ 저나　　계좌（口座）→ 게자　　범죄（犯罪）→ 범재

やってみよう！

1) 複合母音が使われた左の単語を右の空欄に書き写して、発音してみましょう。
（ノートに何回も単語を書いて覚えるようにしましょう）　🎧24

깨 (ゴマ)		계란 (鶏卵)		회사 (会社)	
찌개 (チゲ)		과자 (お菓子)		위 (胃)	
쓰레기 (ゴミ)		돼지 (豚)		귀 (耳)	
예외 (例外)		외과 (外科)		의미 (意味)	

- 깨소금（擦りゴマ）：깨 はゴマ、소금 は塩を意味しますが、「ゴマ塩」の意味ではありません。仲睦ましい夫婦を「깨소금이 넘친다（擦りゴマが溢れる）／깨가 쏟아진다（ゴマが溢れ出る）」、いやな人に悪いことが起きることを「깨소금맛（擦りゴマ味：いい気味）」と例えます。

- 찌개（チゲ）：찌개 は、鍋料理を意味します。

41

2) 次は、発音を間違えると、違う意味に聞こえる単語です。同じものと線で結びましょう。
（注意：子音「ㅇ」が母音の上に付く文字は、口をすぼめて開く動作を一息に行い発音します。）

🎧 25

대지	돼지	해수	회수	이자	의자	애국	외국	재	죄	자석	좌석	이	위
●	●	●	●	●	●	●	●	●	●	●	●	●	●

●	●	●	●	●	●	●	●	●	●	●	●	●	●
大地	豚	海水	回収	利子	椅子	愛国	外国	灰	罪	磁石	席	歯	胃

答：すぐ下が答（一直線で結ばれていること）

3) 次の韓国語は外来語です。カタカナで書きましょう。 🎧 26

- 韓国語では長音はアクセントやニュアンスで表現するため表記しません。しかし原語で発音をする母音が、日本語で伸ばす音として表記されているものは省略しないので注意しましょう。
- 母音「ㅡ」は、子音だけが発音されることを表します。
- 「f」、「t」、「d」の発音表記には、韓国語と日本語でかなりの違いがあります。

① 게스트（　　　　　）　② 뉘앙스（　　　　　）　③ 데이터（　　　　　）
④ 레저랜드（　　　　　）　⑤ 레쥐메（　　　　　）　⑥ 뷔페（　　　　　）
⑦ 샤워（　　　　　）　⑧ 스위치（　　　　　）　⑨ 와인（　　　　　）
⑩ 웨이터（　　　　　）　⑪ 위스키（　　　　　）　⑫ 체크인（　　　　　）
⑬ 캐시(캐쉬) 카드（　　　　　）　⑭ 케이스（　　　　　）　⑮ 케이크（　　　　　）
⑯ 퀴즈（　　　　　）　⑰ 크레디트 카드（　　　　　）　⑱ 테이프（　　　　　）
⑲ 트윈 베드（　　　　　）　⑳ 화이트하우스（　　　　　）

答：① ゲスト　② ニュアンス　③ データ　④ レジャー・ランド　⑤ レジュメ　⑥ ビュッフェ
　　⑦ シャワー　⑧ スイッチ　⑨ ワイン　⑩ ウェーター　⑪ ウイスキー　⑫ チェックイン
　　⑬ キャッシュ・カード　⑭ ケース　⑮ ケーキ　⑯ クイズ　⑰ クレジット・カード　⑱ テープ
　　⑲ ツイン・ベッド　⑳ ホワイトハウス

ひと休み！

◎韓国に関するクイズです。どちらがあっているでしょう。

		○	×
①	韓国人は、部屋の中で靴を履いたままである	○	×
②	韓国人は、日本人と同じように部屋に布団を敷いて寝る	○	×
③	韓国でも漢字を使う	○	×
④	韓国語の尊敬語の使い方は日本語と同じである	○	×
⑤	韓国でもしょうゆ、みそ、豆腐を食べる	○	×
⑥	韓国でもご飯と汁ものは箸で食べる	○	×
⑦	韓国では正座をする	○	×
⑧	韓国では、贈り物に対するお返しの習慣がない。	○	×
⑨	韓国では、女性が結婚すると名字が変わる	○	×
⑩	韓国では、目上の人の前でタバコ、酒を飲まない	○	×
⑪	韓国の学校教育は、文武両道を目指す	○	×
⑫	韓国では、結婚式に招待するとき、出欠を取らない	○	×
⑬	韓国の食堂で出されるラーメンは、インスタント・ラーメンである	○	×
⑭	韓国では、車は右側通行である	○	×
⑮	韓国の宗教は、儒教である	○	×

答：① ×　② ○　③ ○　④ ×　⑤ ○　⑥ ×　⑦ ×　⑧ ○
　　⑨ ×　⑩ ○　⑪ ×　⑫ ○　⑬ ○　⑭ ○　⑮ ×

第10課　パッチム（받침）

　ハングル文字は、子音と母音の組み合わせでできていますが、そこには、もう一つ、その組み合わせを下から支えるパッチムというのがあります。

　すなわち、一つの文字が子音＋母音＋子音の形になったとき、その最後の子音をパッチムといいます。パッチムは、単独では文字になりません。

子音 ＋ 母音　→　ㄱ ＋ ㅣ ＝ 기
子音 ＋ 母音 ＋ 子音（パッチム）　→　ㄱ ＋ ㅣ ＋ ㅁ ＝ 김

　パッチムは、日本語の「ッ」や「ン」のようなもので、19個の子音の中から16個が使われています。

　けれども、パッチムの発音は、七つ（①～⑦）、口の形は、四通り（A～D）です。

パッチムの種類と発音　🎧27

代表文字と発音		パッチムの種類	発音のコツ（口の形）
① ㄷ(t) （ッ）	激音	ㄷ(t), ㅌ(t), ㅅ(t), ㅆ(t), ㅈ(t), ㅊ(t), ㅎ(t)	A 舌先を上歯の裏付近につける。 ①と②は、口の形は同じで激音か、鼻音かの違いだけ
		곧（すぐ）, 끝（終）, 맛（味）, 있다（いる） 벚꽃（桜）, 몇（何）, 좋다（良い）	
② ㄴ(n) （ン）	鼻音	ㄴ(n)	
		돈（金）, 반（半）	
③ ㄱ(k) （ク）	激音	ㄱ(k), ㅋ(k), ㄲ(k)	B 口を開き、舌根で口の奥を塞ぐ。 ③と④は、口の形は同じで激音か、鼻音かの違いだけ
		국（汁物）, 부엌（台所）, 깎다（値切る）	
④ ㅇ(ng) （ング）	鼻音	ㅇ(ng)	
		동（東）, 방（部屋）	
⑤ ㅂ(p) （プ）	激音	ㅂ(p), ㅍ(p)	C 唇を開閉する。 ⑤と⑥は、口の形は同じで激音か、鼻音かの違いだけ
		밥（ご飯）, 앞（前）	
⑥ ㅁ(m) （ム）	鼻音	ㅁ(m)	
		밤（夜、栗）	
⑦ ㄹ(l) （ル）	流音	ㄹ(l)	D 舌先を上あごの奥につける
		달걀（鶏の卵）	

　❀ 激音、鼻音、流音については、p.25 参考

★発音のコツ★

日本語の「ッ」や「ン」を例にとって、説明しましょう。

＊日本語の「ッ」は、次の音によって、「t」、「k」、「p」の発音になります。

たとえば、

- 「き<u>って</u>」と発音するときに、「て」の手前で口の動きを<u>止めると</u>、
  舌先が上歯の裏につき、息が一瞬止まります。このときの「ッ」の音は、① ㄷ （t）。
- 「キ<u>ック</u>」と発音するときに、「ク」の手前で口の動きを<u>止めると</u>、
  口が開き、舌が口の奥に引っ張られ、息が一瞬止まります。
  　　　　　　　　　　　　　　　　このときの「ッ」の音は、③ ㄱ （k）。
- 「き<u>っぷ</u>」と発音するときに、「ぷ」の手前で口の動きを<u>止めると</u>、
  口が閉まり、息が一瞬止まります。　　　このときの「ッ」の音は、⑤ ㅂ （p）。

＊日本語の「ン」は、次の音によって、「n」、「ng」、「m」の発音になります。

たとえば、

- 「ミカ<u>ンで</u>」と発音するときに、「で」の手前で口の動きを<u>止めると</u>、
  舌先が上歯の裏につき、息が鼻に抜けます。　このときの「ン」の音は、② ㄴ （n）。
- 「ミカ<u>ンが</u>」と発音するときに、「が」の手前で口の動きを<u>止めると</u>、
  口が開き、舌が口の奥に引っ張られ、息が鼻に抜けます。
  　　　　　　　　　　　　　　　　このときの「ン」の音は、④ ㅇ （ng）。
- 「ミカ<u>ンも</u>」と発音するときに、「も」の手前で口の動きを<u>止めると</u>、
  口が閉まり、息が鼻に抜けます。　　　このときの「ン」の音は、⑥ ㅁ （m）。

子音には、それぞれ韓国語の名前がついているのですが、ここでは、便宜上、ｄパッチム、ｔパッチム、ｓパッチム、‥‥のように呼びましょう。

二字のパッチム　🎧28

　パッチムには、二つの異なる子音を重ねたものがあります。この二つの子音には、どちらを発音するかの決まりがありますが、発音しないパッチムは、次にくる音によって、発音される側になったり、次にくる音を強めるなどの動きをします。

発音の決まり	パッチム	単語の例	発音	書く練習
ㄴ(n) を発音	ㄴㅈ	앉다（座る）	안따	
	ㄴㅎ	많다（多い）	만타	
ㄱ(k) を発音	ㄱㅅ	넋（魂）	넉	
	ㄹㄱ	닭（鶏）	닥	
ㅂ(p), ㅍ(p) を発音	ㅂㅅ	없다（ない）	업따	
	ㄹㅍ	읊다（詠む）	읍따	
	ㄹㅂ（動詞）	밟다（踏む）	밥따	
ㅁ(m) を発音	ㄹㅁ	젊다（若い）	점따	
ㄹ(l) を発音	ㄹㅂ（形容詞・数詞）	넓다（広い）	널따	
		여덟（八つ）	여덜	
	ㄹㅅ	외곬（一途）	외골	
	ㄹㅌ	핥다（なめる）	할따	
	ㄹㅎ	싫다（きらい）	실타	

　🔸 上の表の「発音」については、p.48 の「パッチムによる発音の変化」を参考にしましょう。
　🔸 二字のパッチムは、右側より左側を発音する言葉が多いです。

チェック✓

右側を発音するパッチムも、次の音が母音で始まると左側を発音し、右側の子音は次の母音にくっついて発音されます。
　例）젊다（若い）（発音 → 점따）／젊은이（若者）（発音 → 절므니）
　　　닭（鶏）（発音 → 닥）／닭이（鶏が）（発音 → 달기、しかし、ㄹ を発音せず「다기」と発音するのが一般的）

　右側を発音するパッチムの場合、次にくる音がパッチムと同じ子音の場合は、左側を発音し、右側の子音は次の音を強めます。
　例）읽다（読む）（発音 → 익따）／읽고（読んで）（発音 → 일꼬）

やってみよう！ 🎵29

1） 次の韓国語は、漢字語であり、日本語と発音が似ています。合うものを表の中の日本語の下に書き入れましょう。（ノートに何回も単語を書いて覚えるようにしましょう）

가족　독신　안심　만족　감독　속도　도착　각료
미각　가옥　단독　기억　각각　약속　달마　간단

家族	家屋	満足	到着	速度	味覚	閣僚	独身
単独	記憶	各各	約束	簡単	達磨	安心	監督

● 漢字語の表記は、漢字一文字に対してハングルも一字で表します。
　そのため、パッチムが多く使われます。

● 「각료」は、「강뇨」と発音します。→ p.54「チェック」参考。

答：家族（가족）、家屋（가옥）、満足（만족）、到着（도착）、速度（속도）、味覚（미각）、閣僚（각료）、独身（독신）、単独（단독）、記憶（기억）、各各（각각）、約束（약속）、簡単（간단）、達磨（달마）、安心（안심）、監督（감독）

2） 次の韓国語は外来語です。カタカナで書きましょう。　🎵30

● パッチムは、母音を伴わない子音だけを発音する英語など外来語の表記に多く使われます。

① 게임（　　　）　② 넥타이（　　　　）　③ 맥도날드（　　　　）
④ 밀크（　　　）　⑤ 블로그（　　　　）　⑥ 빵（　　　）
⑦ 쇼핑（　　　）　⑧ 앙케이트（　　　　）　⑨ 웨딩드레스（　　　　）
⑩ 유럽（　　　）　⑪ 익스프레스（　　　　）　⑫ 인터넷（　　　　）
⑬ 커피숍（　　　）　⑭ 컵（　　　）　⑮ 콜라（　　　）
⑯ 케찹（　　　）　⑰ 크림（　　　）　⑱ 택시（　　　）
⑲ 티켓（　　　）　⑳ 팁（　　　）　㉑ 핸드백（　　　）
㉒ 호텔（　　　）　㉓ 골프（　　　）　㉔ 파일（　　　）

答：① ゲーム　② ネクタイ　③ マクドナルド　④ ミルク　⑤ ブログ　⑥ パン　⑦ ショッピング　⑧ アンケート　⑨ ウェディング・ドレス　⑩ ヨーロッパ　⑪ エクスプレス　⑫ インターネット　⑬ コーヒーショップ　⑭ コップ　⑮ コーラ　⑯ ケチャップ　⑰ クリーム　⑱ タクシー　⑲ チケット　⑳ チップ　㉑ ハンドバッグ　㉒ ホテル　㉓ ゴルフ　㉔ ファイル

● 「チップ」は、팁(tip)、IC칩(chip) と発音します。

第11課　パッチムによる発音の変化

　言葉は、子音 ＋ 母音 ＋ 子音 ＋ 母音 の順番で文字が並べられると発音しやすいですが、韓国語では、子音 ＋ 母音 ＋ 子音（パッチム）＋ 子音 ＋ 母音 のように前の文字にパッチム（子音）があり、その後に子音から始まる文字が来る場合が多くあります。こうなると、連続する子音同士に音の摩擦が起こります。そのため、パッチムや後にくる子音は、それに対応して音を変えて発音を滑らかにします。次にそれを紹介しましょう。

[登場人物]

ㄷ(t)系列パッチム	ㄱ(k)系列パッチム	ㅂ(p)系列パッチム
徳川将軍と諸大名	近藤勇と仲間	弁慶と弟子

諸大名は自分を優先するときあり（p.49 ワンポイント 参考）

ㅎパッチム／次にくるㅎ文字	次にくる平音 ㄱㄷㅂㅅㅈ	次にくる鼻音 ㄴㅁ
平家の武士		ナナ姫　ママ御前

1）連音化　🔊31

　連音化は、パッチムの次に**母音（ㅇ）やㅎ**で始まる文字が来ると、パッチムがその母音（ㅇ）やㅎにくっついて発音されることをいいます。

　　친애（親愛）→ 치내（発音）　　친하다（親しい）→ 치나다（発音）

ㄷ, ㄱ, ㅂ系列
ㄴㅁ
ㄹ
すべてのパッチム
「ㅇ」文字
「ㅎ」文字
武士は待って！

48

① ㄷ(t)、ㄱ(k)、ㅂ(p) 系列のパッチムは、次に母音（ㅇ）が来ると、母音にくっついて発音されますが、連音したときのパッチムは子音本来の音で発音されます。 🎧32

意味	得ます	韓国語	おまけしてください	家で	会いたい	前に
文字	얻어요	한국어	깎아주세요	집에서	보고 싶어	앞으로
発音	어더요	한구거	까까주세요	지베서	보고 시퍼	아프로

❀ ㅌ(t)、ㅋ(k)、ㅍ(p) のパッチムは、母音にくっついて発音されるとき、
　ㄷ(d)、ㄱ(g)、ㅂ(b) の発音になることがあります。例：겉옷（上着）→ 거돗

【ワンポイント】ㄷ(t) 系列のパッチム ㅅ, ㅆ, ㅈ, ㅊ は、代表する音「ㄷ(t)」で連音されますが、パッチムの次の文字が助詞や語尾などの場合は、子音本来の音ㅅ(s)、ㅆ(ss)、ㅈ(j)、ㅊ(ch) で連音されます。例外の多いパッチムなので、辞書で確認しましょう。

意味	まずいです	美味しいです	素敵よ	正しいです	座ります	花を
文字	맛없어요	맛있어요	멋있어	맞아요	앉아요	꽃을
発音	마덥써요	마시써요	머시써	마자요	안자요	꼬츨

❀ 맛있어요、멋있어 は、마디써요、머디써 ともいいます。

② 鼻音（ㄴ、ㅁ）、流音（ㄹ）のパッチムは、次に母音（ㅇ）だけでなく、ㅎ が来た場合も ㅎ 音を消して、連音されます。 🎧33

意味	恋愛	銀行	柿が	敢えて	必要	必ず
文字	연애	은행	감이	감히	필요	필히
発音	여내	으냉	가미	가미	피료	피리

③ ㅎ パッチムは、次に母音（ㅇ）が来ると、ㅎ パッチムの音は発音しません。 🎧34

意味	入れます	多い	いいです	いいですね	いやです	沸きます
文字	넣어요	많아	좋아요	좋은데요	싫어요	끓어요
発音	너어요	마나	조아요	조은데요	시러요	끄러요

【ワンポイント】ㅎ は、最初の文字としてくるとき以外では ㅎ 音が消えたように聞こえます。

例：이해（理解）→ 이애
　　안녕히 가세요（さようなら）→ 안녕이 가세요

2) 激音化

激音化は、連音化の一種で、**ㄷ(t)、ㄱ(k)、ㅂ(p) 系列のパッチム**と次にくる文字 **ㅎ** との間、または、**ㅎ パッチム**と次にくる**平音（ㄱ, ㄷ, ㅂ, ㅅ, ㅈ）**との間で起きる音の摩擦によって、どちらも次の音が激音に発音されることをいいます。

① ㄷ(t)、ㄱ(k)、ㅂ(p) 系列のパッチムは、次に **ㅎ で始まる文字**が来ると、連音されるとき、ㅎ のかすれた音の影響をうけて、激音（ㅌ, ㅋ, ㅍ）で発音されます。　🔊35

意味	祝賀	長兄	できない	花の香り	入学	座らせる
文字	축하	맏형	못해	꽃향기	입학	앉히다
発音	추카	마텽	모태	꼬턍기	이팍	안치다

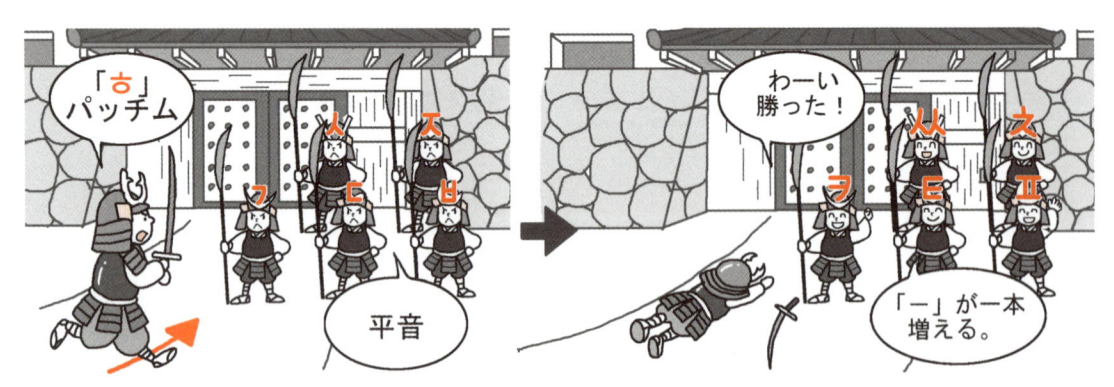

② ㅎ パッチムは、次に**平音（ㄱ, ㄷ, ㅂ, ㅅ, ㅈ）で始まる文字**が来ると、連音されるとき、ㅎ のかすれた音を平音に与え、その音を激音（ㅋ, ㅌ, ㅍ, ㅊ）にします。次の文字が ㅅ の場合は、ㅅ は濃音 ㅆ に発音されます（ㅅ は激音がないので、濃音 ㅆ で対応）。　🔊36

意味	如何に	良い	良いよ	失くす	良いです	いやです
文字	어떻게	좋다	좋지	잃다	좋소	싫소
発音	어떠케	조타	조치	일타	조쏘	실쏘

　🌼 좋소 や 싫소 は、中年以後の男性が主に使います。語尾を上げると疑問文になります。

3) 濃音化 🎧 37

濃音化は、ㄷ(t)、ㄱ(k)、ㅂ(p) 系列の**パッチム**と次にくる**平音**（ㄱ, ㄷ, ㅂ, ㅅ, ㅈ）との間で起きる音の摩擦によって、平音が濃音（ㄲ, ㄸ, ㅃ, ㅆ, ㅉ）に発音されることをいいます。つまり、パッチムと同じ系列の次の子音は、音がダブルに増幅されます。

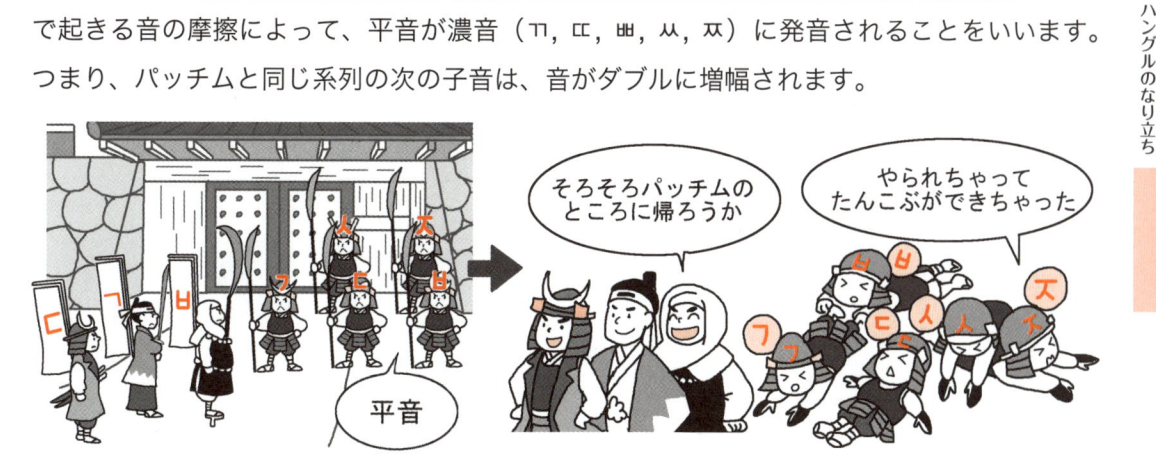

（そろそろパッチムのところに帰ろうか）
（やられちゃってたんこぶができちゃった）

平音

국 (汁) + 밥 (ご飯)

意味	聴く	日差し	花屋	スープご飯	着る	前にある家
文字	듣다	햇살	꽃가게	국밥	입다	앞집
発音	듣따	핻쌀	꼳까게	국빱	입따	압찝

◎ 濃音化と激音化の大きな違いは、パッチムとして音が残るか、否かです。
◎ 発音の表記：햇살 → 핻쌀 ＝ 햇쌀、꽃가게 → 꼳까게 ＝ 꽃까게 でも OK です。

チェック✓

ㄷ(t)、ㄱ(k)、ㅂ(p) 系列のパッチム以外でも、次のような場合は濃音に発音します。

◎ 鼻音（ㄴ, ㅁ）のパッチムでも、語幹（다 の前の文字）のパッチムである場合は、語尾の平音を濃音にします。

　　語幹のパッチム：신다（履く）→ 신따（発音）
　　　　　　　　　남다（残る）→ 남따（発音）

◎ 流音（ㄹ）のパッチムでも、漢字語や活用形のパッチムである場合は、次にくる平音を濃音にします。

　　漢字語：일정（日程）→ 일쩡（発音）
　　活用形のパッチム：먹을 것（食べるもの）→ 머글 껏（発音）
　　　　　　　　　　　갈게（行くよ）→ 갈께（発音）

4）鼻音化

鼻音化は、ㄷ(t)、ㄱ(k)、ㅂ(p) 系列のパッチムと次にくる鼻音（ㄴ，ㅁ）との間で起きる発音の変化によって、パッチムが鼻音に発音されることをいいます。つまり、後にくる文字の鼻音に備えて口を構えるため、パッチムは同じ口の形をする鼻音（ㄷ(t) 系列 → ㄴ，ㄱ(k) 系列 → ㅇ，ㅂ(p) 系列 → ㅁ）に変わります。(p.44 の表、「パッチムの種類と発音」参考)

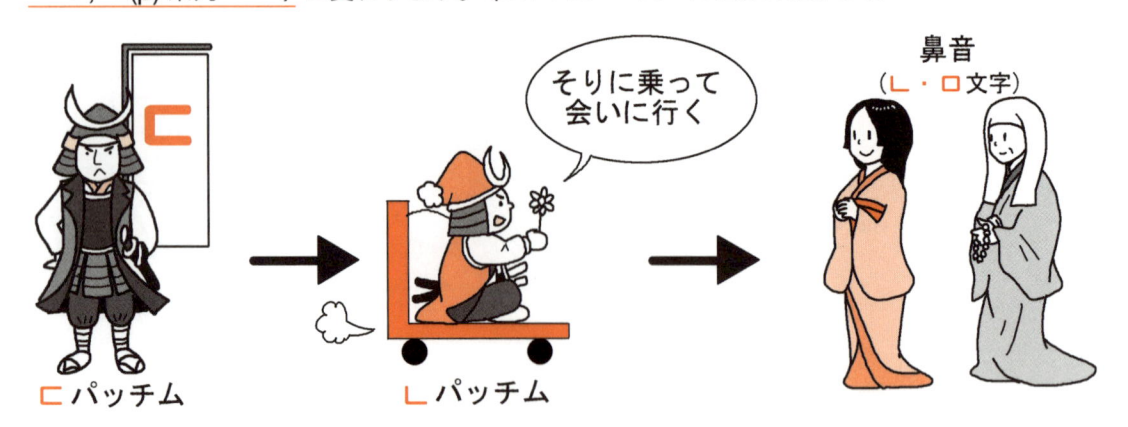

① ㄷ 系列のパッチム → ㄴ パッチム に変わる 🔊 38

意味	閉める	終わる	鼻歌	乳臭い	花見	置く
文字	닫는다	끝난다	콧노래	젖내	꽃놀이	놓는다
発音	단는다	끈난다	콘노래	전내	꼰노리	논는다

② ㄱ 系列のパッチム → ㅇ パッチム に変わる 🔊 39

意味	末子	食べる	昨年	百万	学問	韓国語
文字	막내	먹는다	작년	백만	학문	한국말
発音	망내	멍는다	장년	뱅만	항문	한궁말

💡「학문（学問）」は、「항문（肛門）」と同じ発音。アクセントや文脈で理解しましょう。

ㅂ パッチム　　　ㅁ パッチム

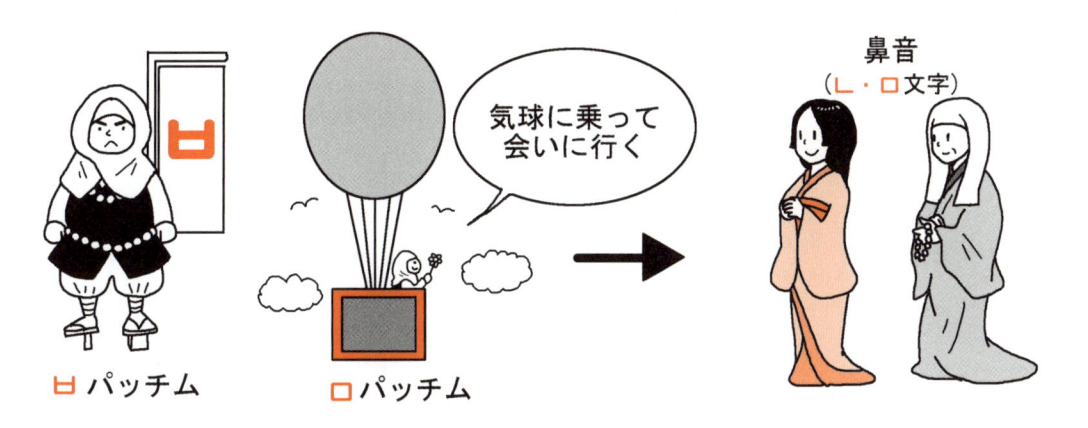

③ ㅂ 系列のパッチム → ㅁ パッチム に変わる　🔊40

意味	です	します	ないですが	門歯	表門／表口	十万
文字	입니다	합니다	없는데요	앞니	앞문	십만
発音	임니다	함니다	엄는데요	암니	암문	심만

ㅎ パッチム は、単独では t と発音するため、ㄷ(t) 系列パッチムに属します。

したがって、次に鼻音がくると、ㅎ パッチムは ㄴ に変わります。（p.52 ①例文を参考）

チェック✓

この「パッチムによる発音の変化」は、一度読むだけで完璧に理解するのは難しいです。これ以外にも第2部～第4部で、文型の中で具体的に紹介していますので、ここでは、一通り読んだら、先に進みましょう。勉強を進めているうちにわかってきます。また、勉強する途中で発音がわからないときは、ここに戻り、ページを開いてください。

5）流音化

　流音化は、子音 ㄹ の発音が単独ではしにくいために起きる発音の変化です。この変化は、ㄴ と ㄹ の間でしか起こりません。

① ㄹ パッチムの次に ㄴ で始まる文字が来ると、ㄴ → ㄹ に発音されます。　🎧41

意味	室内	元旦	二日の日	一年	火の遊び	不能
文字	실내	설날	2일날	일년	불놀이	불능
発音	실래	설랄	2일랄	일련	불로리	불릉

　❀ ㄹ パッチムの発音で上あごにつけた舌先を一瞬に ㄴ 音の歯の裏まで移動するのが難しいために起きる発音変化です。

② ㄴ パッチムの次に ㄹ で始まる文字が来ると、ㄴ パッチム → ㄹ に発音されます。これは漢字熟語の発音変化ですが、例外も少なからず存在します。　🎧42

意味	困難	勤労者	新羅	連絡	元来	韓流
文字	곤란	근로자	신라	연락	원래	한류
発音	골란	글로자	실라	열락	월래	할류

　❀ 次に来る ㄹ 発音に備えて、パッチムを発音する段階で口を構えるからです。
　❀ 例外：合成語は、次の文字 ㄹ が ㄴ の音に変わります。
　　생산력（生産力）→ 생산녁　　구인란（求人欄）→ 구인난

> **チェック✓**
>
> ㄴ, ㄹ 以外のパッチムの次にくる ㄹ は、ㄹ の発音がしにくいので鼻音 ㄴ で発音します。そのため、ㄷ(t)、ㄱ(k)、ㅂ(p) 系列のパッチムの次に ㄹ がくると、パッチムが鼻音化します。
>
> 　❀ ㅇパッチム：동료（同僚）→ 동뇨
> 　❀ ㅁパッチム：심리（心理）→ 심니
> 　❀ ㄷ(t)、ㄱ(k)、ㅂ(p) 系列のパッチム：
> 　　몇리（何里）→ 몇니 → 면니
> 　　격려（激励）→ 격녀 → 경녀
> 　　십리（十里）→ 십니 → 심니

漢字語で、ㄹ で始まる文字が語頭にくると、このㄹ は ㅇ または ㄴ で表記・発音します。

- 語頭がㅇになる例：料金（요금）／資料（자료）

  李社長（이사장）／ミスター李（미스터 리）

- 語頭がㄴになる例：老人（노인）／養老院（양로원）

  労働者（노동자）／勤労者（근로자）

漢字語で、ㄴ で始まる文字が語頭にくると、このㄴ は ㅇ で表記・発音します。

例：年金（연금）／毎年（매년）　女子（여자）／男女（남녀）

6) ㄴ(n) 音添加　🔊43

- これは、合成語の発音変化ですが、パッチムの次にくる文字「야, 여, 요, 유, 이」にはㄴ音が加わり、「냐, 녀, 뇨, 뉴, 니」に発音されます。それによって流音化や鼻音化が起きることがあります。

意味	水薬	真夏	毛布	食用油	ソウル駅	花びら
文字	물약	한여름	담요	식용유	서울역	꽃잎
発音	물략	한녀름	담뇨	시공뉴	서울력	꼰닙

例：물약 → 물냑 → 물략　　서울역 → 서울녁 → 서울력　　꽃잎 → 꼰닙 → 꼰닙

合成語でもㄴ音が添加されず、連音化だけになる場合があります。ㄴ音添加については、辞書で確認することをお勧めします。

例：금요일（金曜日）→ 그묘일　　금연석（禁煙席）→ 그면석

7) 口蓋音化　🔊44

ㄷ, ㅌ のパッチムは、次に母音「이・히」で始まる文字が来ると、連音化されるとき、口蓋音であるㅈ（지), ㅊ（치) に発音されます。

意味	一緒に	真に受ける	むりに	一つ残らず	貼る／つける
文字	같이	곧이듣다	굳이	낱낱이	붙이다
発音	가치	고지듣다	구지	난나치	부치다

55

やってみよう！

次の単語を発音通りに下の空欄に書き入れましょう。

①

意味	韓国語	美味しいです	正しいです	銀行	必要	多い	いいです
文字	한국어	맛있어요	맞아요	은행	필요	많아	좋아요
発音							

②

意味	如何に	良い	祝賀	できない	聞く	花屋	スープご飯
文字	어떻게	좋다	축하	못해	듣다	꽃가게	국밥
発音							

③

意味	終わる	花見	昨年	百万	韓国語	です	十万
文字	끝난다	꽃놀이	작년	백만	한국말	입니다	십만
発音							

④

意味	元旦	困難	連絡	激励	毛布	ソウル駅	一緒に
文字	설날	곤란	연락	격려	담요	서울역	같이
発音							

答

①	한구거	마시써요	마자요	으냉	피료	마나	조아요
②	어떠케	조타	추카	모태	듣따	꼳까게	국빱
③	끈난다	꼰노리	장년	뱅만	한궁말	임니다	심만
④	설랄	골란	열락	경녀	담뇨	서울력	가치

❀ p.49 ～ p.55 参考

第2部
丁重な場で使える文型 I

第3章 指定詞「～です」を使ったフレーズ 58
    第12課　～は、～です。～는(은) ～입니다.
    第13課　～が、～です。～가(이) ～입니다.
    第14課　～は、～ですか。～는(은) ～입니까?
    第15課　～ではありません。～가(이) 아닙니다.
    第16課　～は、だれですか。～는(은) 누구입니까?
    第17課　～が、何ですか。～가(이) 무엇입니까?
    第18課　家族の呼称

第4章 「名詞＋します」で作られる述語 78
    第19課　「名詞＋합니다（します）」で動詞が作られる
    第20課　「名詞＋합니다（です）」で形容詞が作られる
    第21課　「名詞＋합니다（できます）」で可能を表す

第5章 存在詞「～あります／います」を使ったフレーズ 88
    第22課　～があります。／います。～가(이) 있습니다.
    第23課　～がありません。／いません。～가(이) 없습니다.

第6章 数詞を使ったフレーズ 98
    第24課　漢数詞を使った表現
    第25課　固有数詞を使った表現
    第26課　固有数詞と漢数詞を使って時刻を表す

第3章　指定詞「～です」を使ったフレーズ

第12課 ～は、～です。～는(은) ～입니다.

① 私は、山田あかねです。
   저는 야마다 아카네입니다.
   私は、～です。저는 ～입니다.

- 韓国語は、内容をわかりやすくするため言葉を区切り、分かち書きをします。
- 「저」は、謙譲語で、「わたくし」の意味です。（くだけた言い方では、「나（わたし、僕）」を用います。）
- 助詞「は」は、「は」の前の文字にパッチムがないと 는、あると 은 になります。
- 韓国では、名前は、フルネームでいいます。저는 이유미입니다.（私はイ・ユミです。）
- 입니다 は、임니다 と発音します。（p.53 参考）

やってみよう！

[저(나)는 ＿＿＿＿＿ 입니다.]

上の空欄に次の単語を使って、「私は、＿＿＿です。」の文を作りましょう。

| 1) ① 日本人 일본사람 | ② 韓国人 한국사람 | ③ 中国人 중국사람 | ④ アメリカ人 미국사람 | ⑤ イギリス人 영국사람 |

① _____
② _____
③ _____
④ _____
⑤ _____

> 答： ① 저(나)는 일본사람입니다.　② 저(나)는 한국사람입니다.　③ 저(나)는 중국사람입니다.
> 　　④ 저(나)는 미국사람입니다.　⑤ 저(나)는 영국사람입니다.

- 사람입니다 は、連音化し、사라밈니다 と発音します。（p.48、p.53 参考）
- 「国名 ＋ 人」の場合、漢字語「人」の音読み「인」をつけて、「일본인（日本人）」ともいいますが、会話では、「일본사람」のように「일본（日本）」に固有語「사람（ひと）」をくっつけた形がよく使われます。
- 「미국」は、漢字で書くと「美国」。「美しい国」という意味はありません。
- 「영국」は、漢字で書くと「英国」。

🎧 47

2)
① 大学生	② 歌手	③ 俳優	④ 女優	⑤ 野球選手
대학생	가수	배우	여배우	야구선수

① _____
② _____
③ _____
④ _____
⑤ _____

> 答： ① 저(나)는 대학생입니다.　② 저(나)는 가수입니다.　③ 저(나)는 배우입니다.　④ 저(나)는 여배우입니다.
> 　　⑤ 저(나)는 야구선수입니다.

- 韓国では、総合大学（University）は「大学校」、学部（College）や短大などは「大学」といいます。

　私は、東京大学の学生です。→ 저(나)는　도쿄대학교 학생입니다.

　（名詞と名詞の間の「の（의）」は省略し、その代わりにスペースを開けます。）

★韓国の学校制度★

　小学校（초등학교）　6年間
　中学校（중학교）　3年間
　高等学校（고등학교）3年間
　大学（대학교）2年～4年間

59

🔊 48

① 会社員	② 公務員	③ 職員	④ 銀行員	⑤ (家庭) 主婦
회사원	공무원	직원	은행원	가정주부

① _____
② _____
③ _____
④ _____
⑤ _____

答：① 저(나)는 회사원입니다.　② 저(나)는 공무원입니다.　③ 저(나)는 직원입니다.　④ 저(나)는 은행원입니다.
　　⑤ 저(나)는 가정주부입니다.

- 「〜원（員）＋입니다（です）」は、連音化し、「〜워님니다」と発音します。
- 「③ 직원입니다」は、連音化し、「지거님니다」と発音します。

ワンポイント 会話では、입니다 は、パッチムのない前の文字とくっつき、縮約されます。
「아카네입니다」→ 아카넵니다、「가정주부입니다」→ 가정주붑니다

まる暗記 🔊 49

＊저는 야마다 아카네라고 합니다.（私は、山田あかねと申します。）

- 「〜と申します」：パッチムがない文字には「〜라고 합니다」
　　　　　　　　　パッチムがある文字には「〜이라고 합니다」

＊自己紹介＊

안녕하세요.（こんにちは）
저는 야마다 준이라고 합니다.
　（私は、山田俊と申します。）
일본사람입니다.（日本人です。）
회사 직원입니다.（会社の職員です。）

60

② この人は、佐藤まことさんです。 🎧50
이 사람은 사토 마코토 씨입니다.

この人は、〜です。이 사람은 〜입니다.

| この | 이 | その | 그 | あの | 저 |

- 助詞「は」の前の文字「사람（ひと）」がパッチムで終わっているため、助詞は、은 になります。（p.221 参考）
- 사람은 は、連音化し、사라믄 と発音します。（p.48 参考）
- 「씨」は、日本語の「さん」に当たるもので、漢字で書くと「氏」です。

やってみよう！ 🎧51

[_____ 사람은 _____ 입니다.]

上の空欄に次の単語を使って、「_____人は、_____です。」の文を作りましょう。

この：이
その：그
あの：저

① この人　　　　　② その人　　　　　③ あの人
日本の俳優　일본배우　職場の同僚　직장동료　チーム長　팀장

① _____
② _____
③ _____

答：① 이 사람은 일본배우입니다.　② 그 사람은 직장동료입니다.　③ 저 사람은 팀장입니다.

- 名詞と名詞の間の「の（의）」は、大体省略します。（助詞「の」→ p.222 参考）

まる暗記 🎧52

*이 사람은 제 친구(인) 사토 마코토 씹니다. 縮約形 → p.225 参考
（この人は、私の友達の佐藤まことさんです。）助詞「の」→ p.222 参考

③ これは、コンサートのチケットです。
이것은 콘서트 티켓입니다.

これは、〜です。이것은 〜입니다.

| これ | 이것 | それ | 그것 | あれ | 저것 |

- 「것」は、物事を意味します。「이 + 것（このもの）」→「이것（これ）」
- 「이것은」は、連音化し、「이거슨」と発音します。
- 名詞と名詞の間の「の（의）」は省略し、その代わりにスペースを開けます。
- 「티켓입니다」は、連音化し、「티케심니다」と発音します。

やってみよう！ 🔊54

[_____ 은 _____ 입니다.]

上の空欄に次の単語を使って、「_____は、_____です。」の文を作りましょう。

| これ：이것
それ：그것
あれ：저것 | ① これ
花束　꽃다발 | ② それ
ケーキ　케이크 | ③ あれ
写真　사진 |

① _____
② _____
③ _____

答：① 이것은 꽃다발입니다.　② 그것은 케이크입니다.　③ 저것은 사진입니다.

- 日本語の「束（たば）」と韓国語の「다발（タバル）」は、発音が似ています。

まる暗記 🔊55

＊**이건 제 명함입니다.**（これは、私の名刺です。）

- 会話では、이것은/그것은/저것은 は、縮約され、이건/그건/저건 になります。
  縮約形 → p.225 参考

④ ここは、仁寺洞です。
　　여기는 **인사동**입니다.
　　ここは、～です。여기는 ～입니다.

| ここ | 여기 | そこ | 거기 | あそこ | 저기 |

- 「이/그/저」の後に場所を表す「곳」をつけた「이곳/그곳/저곳」も同じ意味を表します。
「ここは」→「이곳은」（助詞は 은、発音は 이고슨）

- 인사동（仁寺洞）は、首都ソウルの中心部にあり、朝鮮王朝時代（1392 年～ 1910 年）は、王朝に仕えた貴族（両班）の屋敷が点在していました。今は、観光地として、骨董品などの民芸品の店やお洒落なカフェ、レストランが立ち並ぶ名所となっています。

やってみよう！ 🎧57

[＿＿＿ 는 ＿＿＿＿＿＿입니다.]

上の空欄に次の単語を使って、「＿＿＿は、＿＿＿です。」の文を作りましょう。

ここ：여기	① ここ ネットカフェ PC방
そこ：거기	② そこ 食堂 식당
あそこ：저기	③ あそこ 銭湯／お風呂場 목욕탕

①＿＿＿＿＿＿＿＿＿＿＿＿＿＿＿＿＿＿＿＿
②＿＿＿＿＿＿＿＿＿＿＿＿＿＿＿＿＿＿＿＿
③＿＿＿＿＿＿＿＿＿＿＿＿＿＿＿＿＿＿＿＿

答：① 여기는 PC방입니다.　② 거기는 식당입니다.　③ 저기는 목욕탕입니다.

- 목욕탕 は、漢字で書くと「沐浴湯」。よく見かける温泉マーク♨は、大衆浴場や簡易旅館を指します。찜질방（スパ）も韓国人の元気の源。訪ねてみては、いかがでしょう。

まる暗記 🎧58

＊이 빌딩은 금연입니다.（このビルは禁煙です。）

第1部 ハングルのなり立ち
第2部 丁重な場で使える文型Ⅰ
第3章 指定詞「～です」を使ったフレーズ
第3部 丁重な場で使える文型Ⅱ
第4部 日常の生活で使える文型

63

第13課　〜が、〜です。〜가(이) 〜입니다.

趣味が、旅行です。／ 旅行が、趣味です。
취미가 여행입니다. ／ 여행이 취미입니다.
〜が、〜です。〜가(이) 〜입니다.

- 助詞「が」は、「が」の前の文字にパッチムがないと 가、あると 이 になります。
- 日本語では、「趣味が、〜」よりは、「趣味は、〜」が自然ですね。もちろん、韓国語でも「취미는 여행입니다.」ともいいます。しかし、ニュアンスがちょっと違います。「〜が（가/이）」は、初めて出る事項や単なる主語を示し、「〜は（는/은）」は、文を限定、対比、強調、与えられた事柄を示すときに使われます。「趣味が旅行です」は、「私は、趣味が旅行です」と考えると理解しやすいでしょう。

やってみよう！

1) ［　취미가 ＿＿＿＿＿ 입니다.　］

上の空欄にいろいろな趣味を入れてみましょう。

① 読書　독서	② 買い物　쇼핑(ショッピング)	③ 料理すること　요리하기
④ 映画みること　영화보기	⑤ 音楽聴くこと　음악듣기	⑥ 歌（を）歌うこと　노래부르기

① 취미가 ＿＿＿＿ 입니다.　② 취미가 ＿＿＿＿ 입니다.　③ 취미가 ＿＿＿＿ 입니다.
④ 취미가 ＿＿＿＿ 입니다.　⑤ 취미가 ＿＿＿＿ 입니다.　⑥ 취미가 ＿＿＿＿ 입니다.

MEMO!

下の空欄に自分の趣味を入れてみましょう。

저는 취미가 ＿＿＿＿ 입니다.

まる暗記 🎧 61

> 저는 취미가 등산입니다.（私は、趣味が山登りです。）
> 제 취미도 등산입니다.（私の趣味も、山登りです。）

✿ 「私の」は、「저(나)의」と書いて「저(나)에」と発音するため、一般的には、縮約形の「제(내)」が使われます。（縮約形 p.225 参考）

2)　[＿＿＿＿가(이) ＿＿＿＿＿＿입니다.]

上の空欄に次の単語を使って、「＿＿＿が、＿＿＿です。」の文を作りましょう。　🎧 62

| ① 私が 제(내)가
担当者
담당자 | ② この人 이 사람
通訳
통역 | ③ これ 이것
パスポート
여권(旅券) | ④ ここ 여기
トイレ
화장실 | ⑤ ここ 이곳
湖
호수 |

①＿＿＿＿＿＿＿＿＿＿＿＿＿＿＿＿＿＿＿＿＿＿＿＿＿＿＿＿＿＿
②＿＿＿＿＿＿＿＿＿＿＿＿＿＿＿＿＿＿＿＿＿＿＿＿＿＿＿＿＿＿
③＿＿＿＿＿＿＿＿＿＿＿＿＿＿＿＿＿＿＿＿＿＿＿＿＿＿＿＿＿＿
④＿＿＿＿＿＿＿＿＿＿＿＿＿＿＿＿＿＿＿＿＿＿＿＿＿＿＿＿＿＿
⑤＿＿＿＿＿＿＿＿＿＿＿＿＿＿＿＿＿＿＿＿＿＿＿＿＿＿＿＿＿＿

答：① 제(내)가 담당자입니다.　② 이 사람이 통역입니다.　③ 이것이 여권입니다.　④ 여기가 화장실입니다.
　　⑤ 이곳이 호수입니다.

✿「私が」は、「제(내)가」になります。（p.221 参考）

まる暗記 🎧 63

> *이게 입장권입니다.（これが入場券です。）

✿ 会話では、이것이/그것이/저것이 は、縮約され、이게/그게/저게 になります。
　縮約形 → p.225 参考

65

第14課 〜は、〜ですか。〜는(은) 〜입니까?

山田さんは、日本人ですか。
야마다 씨는 일본사람입니까?
〜は、〜ですか。〜는(은) 〜입니까?

🔔 「〜입니까（発音は、임니까）？」は、語尾を上げて発音します。

💡 「あなたは、韓国人ですか。」→「당신은 한국사람입니까?」のとき、「あなた」を「당신」というには条件が必要です。「당신」の使い方は夫婦や恋人など限定的であるからです。

はい、そうです。
네, 그렇습니다.
いいえ、違います。
아뇨, 아닙니다.
（아뇨 → 아니요 の縮約形）

🔔 韓国語では、一般的に二人称は省略しますが、名前がわかっていれば、「フルネーム ＋ さん（씨）：배용준 씨（ペヨンジュンさん）」と呼びます。親しい間柄では「용준 씨（ヨンジュンさん）」、「용준아（ヨンジュン）」といいます。「苗字 ＋ さん（씨）：배 씨（ペさん）」は見下した言い方になるので要注意です。また、未婚や若い女性に対して「フルネーム ＋ 嬢さん（양）：최 지우 양（チェ（チュエ）ジウ嬢）と呼ぶこともありますが、これは、かなり年上の人が年下の若い人に対して使うものです。양 には、お嬢さんではなく小娘の意味があるので、女性にはあまり歓迎されません。特に「苗字 ＋ 嬢さん（양）：최양（チェ（チュエ）嬢）」は見下した言い方になるので要注意です。

💡 韓国では、相手の呼び方は、年齢、性別、職責、親しみの度合いなどによって社長、先生、姉などなど、さまざまです。これが無難にこなせれば韓国通といえるでしょう。

やってみよう！ 🎤65

[_____는(은) _____입니까?]

上の空欄に次の単語を使って、「＿＿＿は、＿＿＿ですか。」の文を作り、○、×に従い「はい、そうです」や「いいえ、違います」を入れましょう。

| ① この男性　이 남자
医者　의사（医師）
○ | ② この女性　이 여자
看護師　간호사
× | ③ この料理　이 음식
焼肉　불고기
× | ④ ここ　이곳
駐車禁止　주차금지
○ |

① _____

② _____

③ _____

④ _____

答：① 이 남자는 의사입니까？　　　네, 그렇습니다.　　② 이 여자는 간호사입니까？　　아뇨, 아닙니다.
　　③ 이 음식은 불고기입니까？　　아뇨, 아닙니다.　　④ 이곳은 주차금지입니까？　　네, 그렇습니다.

❀「男」も「男性」も 남자（男子）、「女」も「女性」も 여자（女子）といいます。

❀「음식（食べ物：Food、a dish）」と「요리（料理：Cooking、Cuisine）」の表現には、違いがあります。일본음식（日本の食べ物）／일본요리（日本料理）

まる暗記 🎤66

＊여기는 금연석(흡연석)입니까? （ここは、禁煙席（喫煙席）ですか。）

MEMO! ✏️

次の言葉は、書き方も発音も難しいので、下の空欄に書く練習をしましょう。

네, 그렇습니다 _____

아뇨, 아닙니다 _____

第15課　〜ではありません。〜가(이) 아닙니다. 🔊67

私は、教師ではありません。／この人は、学生ではありません。
저는 교사가 아닙니다. / 이 사람은 학생이 아닙니다.
〜ではありません。〜가(이) 아닙니다.

- 「〜ではありません」は、韓国語では「〜가 아닙니다」になります。
- 아닙니다 は、아님니다 と発音します。
- 아닙니다 は、안 + 입니다（否定を表す「안」＋ です）の形からできています。

やってみよう！ 🔊68

[＿＿＿＿＿는(은) ＿＿＿＿＿＿가(이) 아닙니다.]

上の空欄に次の単語を使って、「＿＿＿は、＿＿＿ではありません。」の文を作りましょう。

 ① 私　저	 ② 私　저	 ③ それ　그것	 ④ そちら　거기	 ⑤ この建物
韓国人	おばさん	高麗人参茶	事務室	이 건물
한국사람	아줌마	인삼차	사무실	病院　병원

① ＿＿＿＿＿＿＿＿＿＿＿＿＿＿＿＿＿＿＿＿＿＿＿＿＿＿＿＿＿＿＿＿＿
② ＿＿＿＿＿＿＿＿＿＿＿＿＿＿＿＿＿＿＿＿＿＿＿＿＿＿＿＿＿＿＿＿＿
③ ＿＿＿＿＿＿＿＿＿＿＿＿＿＿＿＿＿＿＿＿＿＿＿＿＿＿＿＿＿＿＿＿＿
④ ＿＿＿＿＿＿＿＿＿＿＿＿＿＿＿＿＿＿＿＿＿＿＿＿＿＿＿＿＿＿＿＿＿
⑤ ＿＿＿＿＿＿＿＿＿＿＿＿＿＿＿＿＿＿＿＿＿＿＿＿＿＿＿＿＿＿＿＿＿

答：① 저는 한국사람이 아닙니다.　② 저는 아줌마가 아닙니다.　③ 그것은 인삼차가 아닙니다.
　　④ 거기는 사무실이 아닙니다.　⑤ 이 건물은 병원이 아닙니다.

- 「아줌마」は、中年の女性を指しますが、結婚した女性をひっくるめていうこともあり、女性にはあまり歓迎されていません。「아줌마」をより丁寧にいうときは「아주머니」といいますが、大差ありません。
- 인삼 は、漢字で書くと「人参」ですが、「高麗人参」を意味します。日本でいう「人参」は、「당근」といいます。

🔑 中国人でもありません。→ 중국사람도 아닙니다.（「～でもありません」は、「～もありません」になります。）

まる暗記　🎧69

＊그건 제(내) 게 아닙니다.（それは、私の（もの）ではありません。）

- 「제(내) 게 아닙니다」は、「제(내) 것이 아닙니다」の縮約形です。（p.225 参考）
- 「私のです」→「제 것입니다.」→ 제(내) 겁니다.（縮約形）
- 「誰のですか」→「누구 것입니까?」→ 누구 겁니까?（縮約形）

MEMO!

今まで習ったものを参考に、自己紹介や相手の紹介、趣味などを自由に言ってみましょう。

이 사람은 피아니스트입니다.（この人はピアニストです。）
회사원이 아닙니다.（会社員ではありません。）
이것은 콘서트 티켓입니다.（これは、コンサートのチケットです。）
여기는 콘서트 홀입니다.（ここは、コンサート・ホールです。）
제 취미는 음악듣기입니다.（私の趣味は、音楽を聴くことです。）

저는 피아니스트가 아닙니다.（私はピアニストではありません。）
제 취미도 음악듣기입니다.（私の趣味も、音楽を聴くことです。）

_____

_____

_____

_____

第16課　～は、だれですか。～는(은) 누구입니까?

① この子は、だれですか。／この人は、だれですか。　🔊70
이 아이는 누구입니까? / 이 사람은 누구입니까?
　～は、だれですか。～는(은) 누구입니까?

この子は、うちの娘です。
이 아이는 우리 딸입니다.
この人は、うちの夫です。
이 사람은 우리 남편입니다.

- 人を尋ねる疑問詞は「누구（だれ）」。「だれが」のときは、「누구가」ではなく、「누가」に省略されます。→ p.224 疑問詞参考
  「だれが担当者ですか。」→「누가 담당자입니까?」
- 「우리（我々）」は、「うち」の意味で使われます。
- 会話では 누구입니까? → 누굽니까?、아이 → 애 に縮約されることがよくあります。

次の蛙の合唱（ドイツ民謡）のリズムにのって家族の呼び方を覚えましょう。　🔊71

ドレミファ	ミレドー	ミファソラ	ソファミー
할아버지(祖父)	할머니(祖母)	언니(姉) 오빠(兄)	형(兄) 누나(姉)
ドッドッ	ドッドッ	ドドレレ	ミミファファ　ミレドー
아버지(父)	어머니(母)	남편(夫) 아내(妻)	남동생(弟) 여동생(妹) 나(私)

- 兄、姉の呼び方は、呼び手が女性か、男性かによって違ってきます。
  女性：兄 → 오빠　姉 → 언니　　男性：兄 → 형　姉 → 누나

（もっと詳しい家族の呼称については、p.74 の第 18 課「家族の呼称」を参考）

まる暗記　🔊72

*애는 소꿉 친굽니다.（この子は、幼なじみです。）

- 애 は「이 애(아이)」の縮約形。소꿉：ままごと、친구：友達

② この方は、どなたですか。／この方は、どなたでいらっしゃいますか。
이 분은 누구입니까? / 이 분은 누구십니까? 🔊73

~方は、どなたですか。~분은 누구입니까?

発音は 이 부는

この方は、先生です。
이 분은 선생님입니다.

- 「この方」、「その方」、「あの方」は、「이 분」、「그 분」、「저 분」。

ワンポイント
「누구（だれ）」は、「~方」の後にくると「どなた」の意味になります。
「どの方（どなた）が、先生ですか」のときは、「어느 분(どなた)」となります。p.224 疑問詞参考

- 「(이)십니까?」、「(이)십니다.」は、尊敬語です。
- 先生、社長、上司など尊敬語を使わなければならない相手に対しては、「선생님（先生様）」「사장님（社長様）」のように「님（様）」をつけます。「様」をつけず、「先生」、「社長」と呼ぶのは、同じ地位の人同士の呼び方になります。韓国語の尊敬語は、相対的ではなく絶対的なので、自分の親を人に言うときも尊敬語でいいます。

やってみよう！ 🔊74

[이 분은 _____ 입니다.]

上の空欄に次の単語を入れて文を作りましょう。

| ① 社長 사장님 | ② 部長 부장님 | ③ 課長 과장님 | ④ 先生 선생님 | ⑤ 父 아버님 | ⑥ 母 어머님 | ⑦ 奥様 사모님 |

① 이 분은 _____ 입니다.　② 이 분은 _____ 입니다.　③ 이 분은 _____ 입니다.
④ 이 분은 _____ 입니다.　⑤ 이 분은 _____ 입니다.　⑥ 이 분은 _____ 입니다.
⑦ 이 분은 _____ 입니다.

まる暗記 🔊75

*저희 어머님이십니다.（うちの母（お母様）です。）

- 「저희（我々）」は「우리（我々）」の謙譲語。「이십니다」は尊敬語。

第17課　〜が、何ですか。〜가(이) 무엇입니까?

これは（が）、何ですか。／それは、請求書です。　🎧76
이것**이** **무엇**입니까? / 그것**은** 청구서입니다.

発音 → 이거시　　　　　発音 → 그거슨

何の請求書ですか。／ホテル宿泊の請求書です。
무슨 청구서입니까? / 호텔 숙박 청구서입니다.

- 「무엇입니까?」は、会話ではよく「뭡니까?」に縮約されます。
- 物事を尋ねる疑問詞は「무엇（何）」。「何の〜」のように次に名詞がくる場合は、「무슨」＋ 名詞のパターンになります。（p.224 疑問詞参考）

いろいろな疑問詞　🎧77

누구（だれ）	이 여자는 **누구**입니까?（この女性は、だれですか。）
누가（だれが）	**누가** 부장님입니까?（どなたが、部長ですか。）
어느（どの）	**어느** 것이 인삼차입니까?（どれが、高麗人参茶ですか。）
무엇（何）	직업이 **무엇**입니까?（職業は、何ですか。）
무슨（何の）	**무슨** 청구서입니까?（何の請求書ですか。）
어디（どこ）	고향이 **어디**입니까?（故郷は、どこですか。）
언제（いつ）	추석이 **언제**입니까?（秋夕（十五夜）は、いつですか。）

まる暗記　🎧78

＊화장실이 어딥니까?（トイレは、どこですか。）　縮約形 → p.225 参考

韓国の二大節句（名節）：元旦（설날）と十五夜（추석：秋夕）

　両方とも旧暦で祝います。一家で集まることや先祖に祭祀を行うのが大事なことであるため、故郷に帰省するため民族が大移動します。休みは前後入れて三日間。

　元旦には、先祖の祭祀を行い、家族で 떡국（トック：うるち米の花びらのようなお餅を入れたお雑煮）やおせち料理を食べます。

　十五夜の日は、秋の収穫を先祖に感謝し、新しく収穫したものでご馳走を作り先祖の祭祀を行います。家族で 송편（ソンピョン：あんこなどが入ったうるち米の貝殻のようなお餅）やご馳走を食べて、先祖の墓参りをします。

　このように先祖を敬い祭祀を行うのは、儒教精神に基づくものであるため、クリスチャンが多くなった現在の韓国では、失われつつある風俗でもあります。

韓国人と旧暦（陰暦）

　韓国人は、古来から月の動きを基準にした陰暦を使っていました。朝鮮王朝末期に新暦（陽暦）が取り入れられると、公式的な行事などは新暦を使うようになりました。けれども、節句など伝統行事には旧暦を依然として使っています。

　人々が季節を感じるのは、旧暦によるものが多く、農事や漁業などの生産活動や家族の記念日は、新暦ではしっくりこないと思う人が多くいます。そのためか、携帯のアプリでは、新暦や旧暦を変換してくれる機能までついており、大いに役立っているようです。若い人は、誕生祝いなどが、毎年変わる旧暦を煩わしく感じ新暦に変えることも多いです。しかしながら、古い世代は、誕生日や結婚記念日などを旧暦にこだわるため、同じことを二度行うダブル慶事なんてあるんですよ。たとえば、新年は、新暦の1月1日に始まりますが、元旦は旧暦の1月1日に祝うなどです。それ以外に旧暦で祝う祝祭日は、十五夜や小正月、端午、七夕などがあります。各家庭では、先祖の法事、誕生日などがあります。

[人の誕生とお祝い]

백일잔치：生まれて百日目の祝い　　　생일잔치：誕生日の祝い
돌잔치：初誕生日の祝い　　　　　　　환갑잔치：還暦の祝い

　　　（誕生日の日は、お赤飯とわかめスープを飲むのが定番です。）

第18課　家族の呼称　🔊 79

신랑의 가족（花婿の家族）　　신부의 가족（花嫁の家族）

형수　형　누나　　신랑　신부　이모　삼촌　오빠
고모　아버지　　　　　　　　아버지　언니　할아버지
할머니　어머니　　　　　　　　어머니
　　　남동생　　　　　　　　　　여동생

- 형수：男性がいう兄の妻　　● 고모：父方の叔母・伯母　　● 이모：母方の叔母・伯母
- 삼촌：父方の叔父（伯父は 큰아버지、母方の叔父・伯父は 외삼촌）
- 尊敬すべき相手に対しては「님（様）」をつけるのが習わしですので、両親は 부모님（父母様）といいます。漢字語の 부친（父親）、모친（母親）は第三者が使う尊敬語ですので、日本語とは使い方が違います。
- 自分の子は総称して「자식」といいます。親子は「부모자식」、「부자（父子）」、「모자（母子）」などといいます。「親子（친자）」は「実子」、「親分（친분）」は「親交」を意味します。例：「친분이 있습니다.」→「親交があります。」

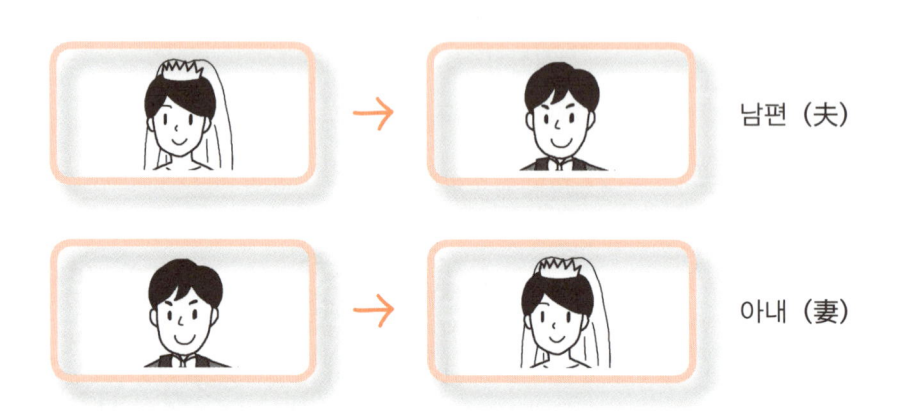

→ 남편（夫）

→ 아내（妻）

👴 →	👰	손녀（孫娘）
👫 →	👰	딸（娘）
👵 →	👦	손자（孫）
👫 →	👦	아들（息子）

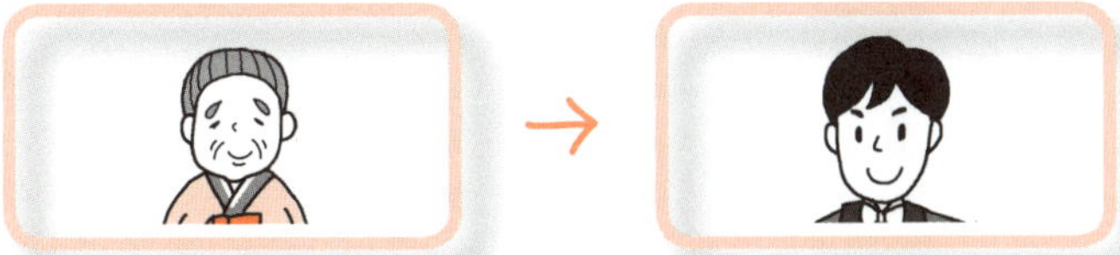

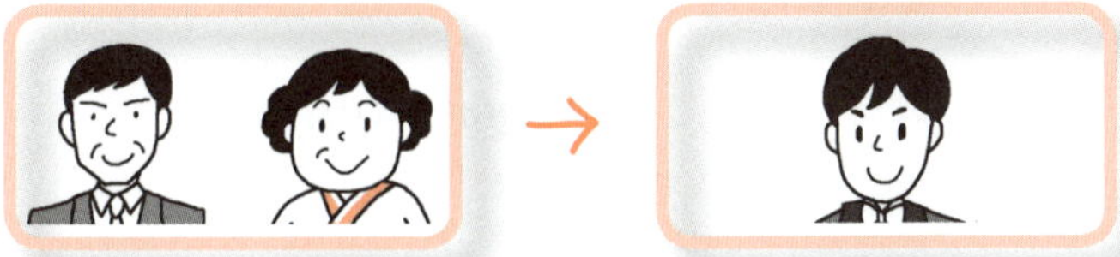

＊結婚による義理の関係

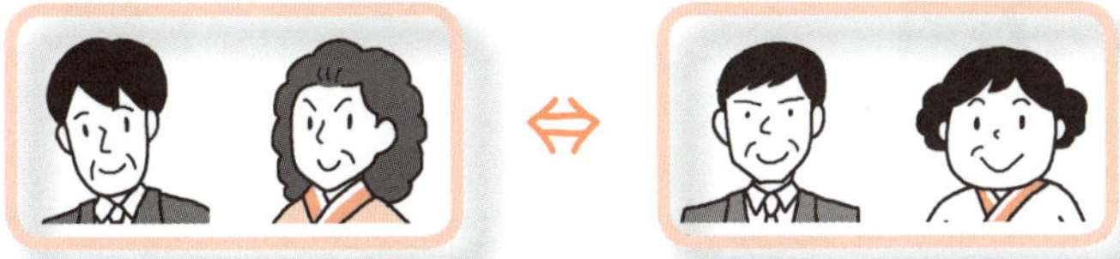

👫 ⇔	👫	사돈（子の結婚による親同士の親戚関係）

（呼びかけるときは、사돈어른（男性）、사부인（女性）を用います）

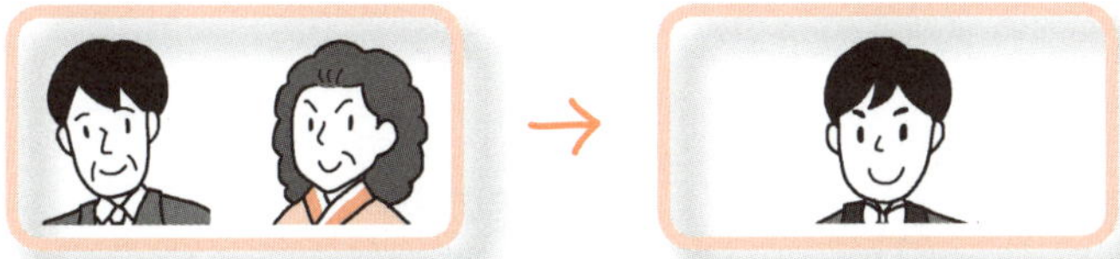

👫 →	👦	사위（婿）

呼ぶときは、「苗字 ＋ 서방」→ 李（이）さんだったら、「이서방」
（妻の兄夫婦や姉夫婦も一般的に 👦 に対して「苗字 ＋ 서방」と呼びます。）

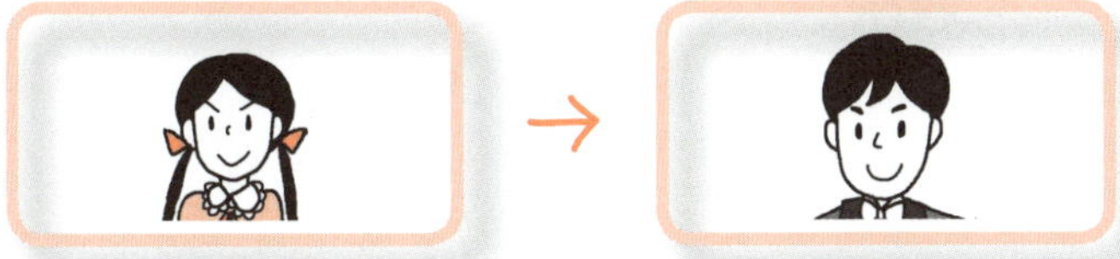

👧 →	👦	형부（姉の夫）

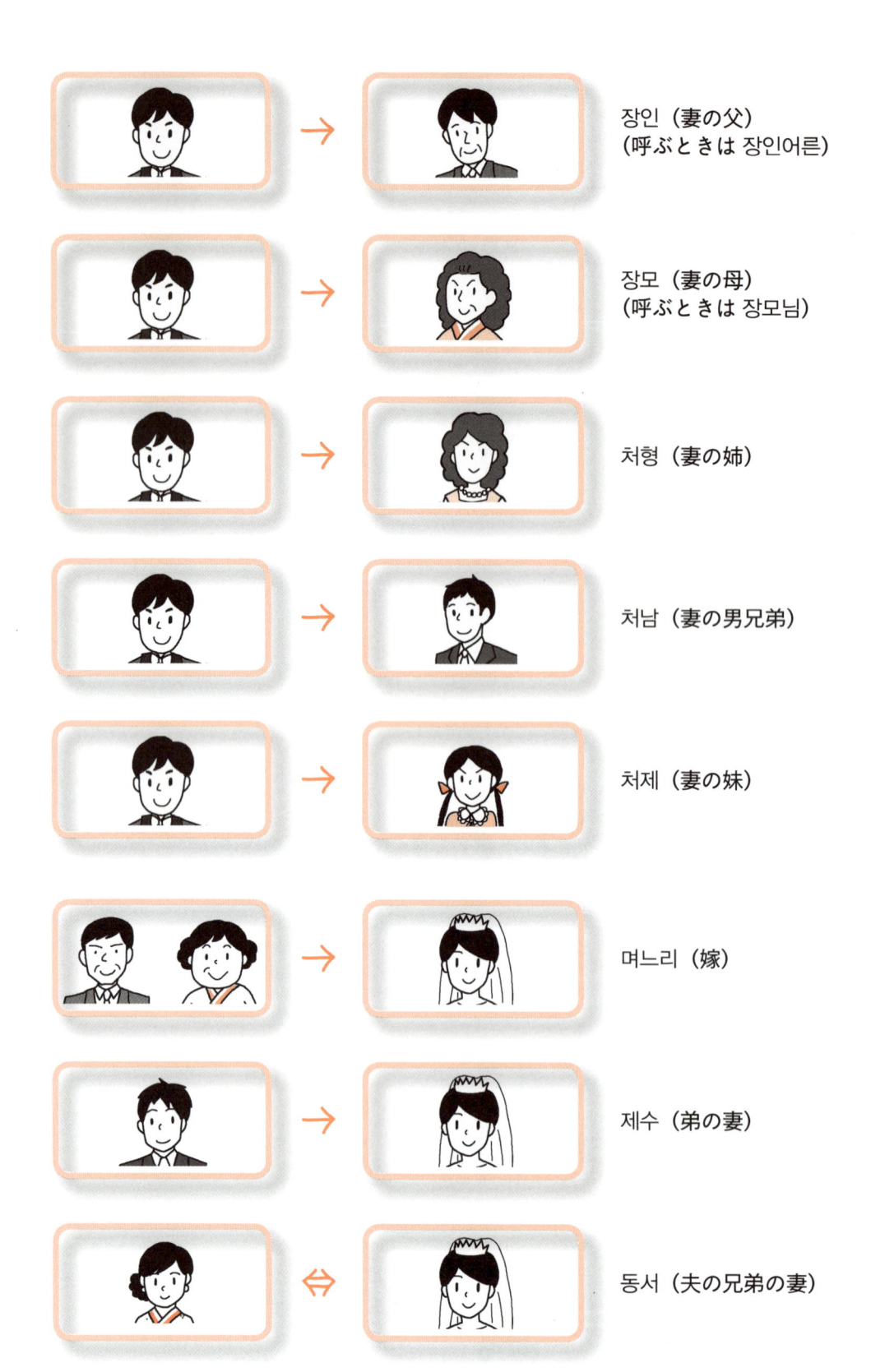

👨 →	👨	장인（妻の父） （呼ぶときは 장인어른）
👨 →	👩	장모（妻の母） （呼ぶときは 장모님）
👨 →	👩	처형（妻の姉）
👨 →	👨	처남（妻の男兄弟）
👨 →	👩	처제（妻の妹）
👨👩 →	👰	며느리（嫁）
👨 →	👰	제수（弟の妻）
👩 ⇔	👰	동서（夫の兄弟の妻）

76

올케（弟の妻）

형수（兄の妻）
（妹がいう兄の妻 → 올케언니）

시아버지（舅）
（呼ぶときは 아버님）

시어머니（姑）
（呼ぶときは 어머님）

아주버님（夫の兄／夫の姉の夫）

시누이（夫の姉妹）

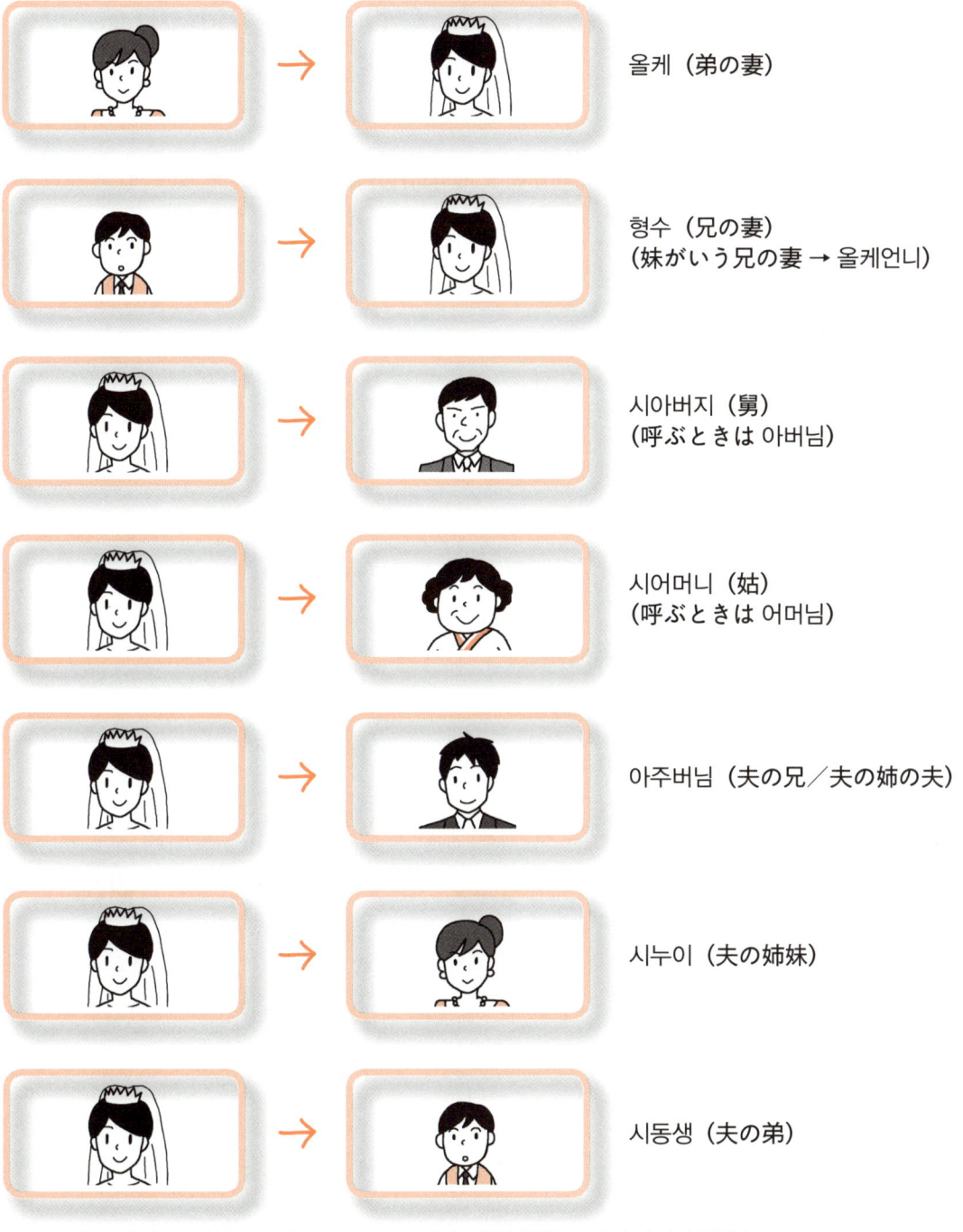

시동생（夫の弟）

❁ 시동생（夫の弟）を呼ぶときは 도련님（結婚前）、서방님（結婚後）
❁ 시누이（夫の妹）を呼ぶときは 아가씨。「夫の妹の夫」は 서방님
❁ 婿同士や妻同士は、お互いを 동서 といいますが、自分より兄や姉の立場にいる人に呼びかけるときは「형님（お兄様／お姉様）」。夫の姉、妻の兄や姉の夫に対しても「형님（お兄様／お姉様）」と呼びます。

77

第4章 「名詞＋します」で作られる述語

第19課 「名詞＋합니다（します）」で動詞が作られる

① 勉強します。
　　공부합니다.

　　名詞 ＋ します。名詞 ＋ 합니다.

- 動作を表す名詞（主に漢字語や外来語）に「합니다（します）」を付けると動詞になります。日本語の「〜します」と同じ表現ですが、一部の漢字表現が違う単語や当て字の場合は「〜します」の形にはなりません。

　　例：我慢します → 참습니다　　お手伝いします → 거듭니다

- 공부 は漢字で書くと「工夫」になります。
- 합니다 は、함니다 と発音します。（p.53 参考）

> 日本語の「工夫」は、「궁리」といいます

やってみよう！

1) 次の日韓共通の漢字語や外来語を絵に合わせて線で結びましょう。

①　　②　　③　　④　　⑤

A　독서합니다.　　B　여행합니다.　　C　샤워합니다.　　D　식사합니다.　　E　결혼합니다.

答：①＝E　②＝C　③＝B　④＝A　⑤＝D

結婚：결혼　　シャワー：샤워　　旅行：여행　　読書：독서　　食事：식사

78

2) 次は日韓共通の単語ではありませんが、それぞれ合うものと線で結びましょう。

① 愛しています。　　　　　　　　　　　　A　생각합니다.
② 話します。　　　　　　　　　　　　　　B　목욕(沐浴)합니다.
③ 思います。(考えをします)　　　　　　　C　산책(散策)합니다.
④ 入浴します。(お風呂に入ります)　　　　D　사랑합니다.
⑤ 散歩します。　　　　　　　　　　　　　E　이야기합니다.
⑥ 買い物します。　　　　　　　　　　　　F　쇼핑합니다.

答：①＝D　②＝E　③＝A　④＝B　⑤＝C　⑥＝F

まる暗記 🎧 81

*결혼 축하합니다．(結婚、おめでとうございます(祝賀します)。)
*감사합니다．(ありがとうございます(感謝します)。)

ステップアップ ✏️

韓国語を勉強します。　　　🎧 82
한국어를(한국말을) 공부합니다.

- 助詞「を」は、「を」の前の文字にパッチムがないと 를、あると 을 になります。
  助詞「を」は、しばしば省略されます。「한국어 공부합니다」
- 「名詞 ＋ 합니다」は、助詞「～を (를/을)」を入れて「名詞 ＋ 를 합니다 (～를/을 합니다)」のように用いることもできます。「한국어 공부를 합니다」

「합니다」は、日本語では、「します」より「しています」の意味でよく使われます。
「공부합니다」→「勉強しています」

- 「国名 ＋ 語」の場合、漢字語「語」の音読み「어」をつけて、「한국어（韓国語）」といいますが、会話では、「한국말」のように「한국（韓国）」に固有語「말（言葉）」をくっつけた形がよく使われます。

　　　日本語 → 일본어(일어)/일본말　　　中国語 → 중국어(중어)/중국말
　　　英語 → 영어　　　フランス語（仏語）→ 불어　　　ドイツ語（独語）→ 독어

やってみよう！

彼氏：남자친구
彼女：여자친구

1) 次の日本語に従い、韓国語で書きましょう。 🎧83

スタート → デートします。→ 私は、デートします。→ 私は、彼氏とデートします。→ 私は、今日、彼氏とデートします。→ ゴール 私は、今日、東京で、彼氏とデートします。

( ) → ( ) → ( ) →
( ) → ( )

- 助詞「と」は「하고」、または「와(과)」。
  会話では「하고」をよく使い、
  文語では「와(과)」をよく使います。(어머니하고 형) (어머니와 형 / 형과 어머니)

「と」の前の文字にパッチムがないと와、あると과

- 場所を示す助詞「で」は、パッチムに関係なく「에서」

スタート 데이트합니다 → 저는 데이트합니다 → 저는 남자친구하고 데이트합니다 → 저는 오늘 남자친구하고 데이트합니다 → ゴール 저는 오늘 도쿄에서 남자친구하고 데이트합니다

2) ゴール の文章について、次のように質問してみましょう。 🎧84

Q1：何をしますか。＿＿＿＿＿＿＿＿＿＿＿＿＿
Q2：誰とデートしますか。＿＿＿＿＿＿＿＿＿＿
Q3：いつ、デートしますか。＿＿＿＿＿＿＿＿＿
Q4：どこでデートしますか。＿＿＿＿＿＿＿＿＿

答：Q1：무엇을 합니까?　Q2：누구하고 데이트합니까?　Q3：언제 데이트합니까?　Q4：어디서 데이트합니까?

어디에서 の縮約形

3) 上の質問に答えましょう。 🎧85

A1：＿＿＿＿＿＿＿＿＿＿＿　A2：＿＿＿＿＿＿＿＿＿＿＿
A3：＿＿＿＿＿＿＿＿＿＿＿　A4：＿＿＿＿＿＿＿＿＿＿＿

答：A1：데이트합니다.　A2：남자친구하고 데이트합니다.
　　A3：오늘 데이트합니다.　A4：도쿄에서 데이트합니다.

まる暗記 🎧86

発音：가치 (p.55参考)

＊친구하고 같이 한국을 여행합니다.（友人と一緒に韓国を旅行します。）

② 運動しません。／運動をしません。 🔊87

운동 안 합니다. / 운동을 안 합니다. 〔아남니다 と発音〕

名詞 ＋ しません。名詞 ＋ 안 합니다.

- 否定形は、名詞と「합니다（します）」の間に否定を表す「안」を入れます。

やってみよう！ 🔊88

次の受け答えを韓国語に直しましょう。

Q1：今日、勉強しますか。＿＿＿＿＿＿＿＿＿＿＿＿＿＿＿＿＿＿＿＿

A1：はい、勉強します。＿＿＿＿＿＿＿＿＿＿＿＿＿＿＿＿＿＿＿＿

Q2：日曜日に、勉強しますか。＿＿＿＿＿＿＿＿＿＿＿＿＿＿＿＿＿

A2：いいえ、勉強しません。＿＿＿＿＿＿＿＿＿＿＿＿＿＿＿＿＿＿

> 答：Q1：오늘 공부합니까?　　A1：네, 공부합니다.　　Q2：일요일에 공부합니까?　　A2：아뇨, 공부 안 합니다.

- 単位を表す助詞「에（に）」：曜日（요일）、週末（주말）、午前（오전）、午後（오후）、朝（아침）、晩（밤）など1週間や1日を分割したものにはつきますが、今日（오늘）、今（지금）、明日（내일）、毎日（매일）などには必要ありません。

＊否定形のつくり方について

- 前置否定形：述語の前に「안」を加えます。
  「〜します」→「〜しません」：「합니다」→「안 합니다」

- 後置否定形：述語の語尾を否定形に変えます。
  「〜します」→「〜しません」：「합니다」→「하지 않습니다」

	前置否定形	後置否定形
일합니다（仕事します）	일 안 합니다	일하지 않습니다
청소합니다（掃除します）	청소 안 합니다	청소하지 않습니다

まる暗記 🔊89

＊아무도 사랑 안 합니다. （だれも愛していません。）

第20課　「名詞＋합니다（です）」で形容詞が作られる

① この人は、有名です。
　　이 사람은 유명합니다.
　　〜は、名詞 ＋ です。〜는(은) 名詞 ＋ 합니다.

日本語の形容動詞（ナ形容詞）にあたる「名詞 ＋ だ」、「名詞 ＋ です」の形は、韓国語では、「名詞 ＋ 하다」、「名詞 ＋ 합니다」で表します。主に状態を表す名詞の漢字語や外来語に使われます。しかし、形容動詞（ナ形容詞）ではない「名詞 ＋ だ」、「名詞 ＋ です」は、「〜하다/합니다」の形にはなりません。

　例：医者です → 의사입니다、状態です → 상태입니다

◆「有名です」は、유명입니다 とはいいませんので注意しましょう。

やってみよう！

1) 次の単語を当てはまるところに書き入れましょう。

핸섬　편리　필요　건강　중요　위험　당연

健康です	便利です	必要です	ハンサムです
①	②	③	④
危険です || 重要です || 当然です	
⑤ || ⑥ || ⑦	

答：① 건강합니다　② 편리합니다　③ 필요합니다　④ 핸섬합니다　⑤ 위험합니다　⑥ 중요합니다　⑦ 당연합니다

「편리」は「펼리」と発音します。（p.54 参考）

まる暗記

＊경찰 아저씨가 아주 친절합니다.
（警察官（警察のおじさん）がとても親切です。）

2) 次は日韓共通の単語ではありませんが、それぞれ合うものと線で結びましょう。

① 元気です。　　　　　　　　A　행복(幸福)합니다.
② 強いです。　　　　　　　　B　건강(健康)합니다.
③ 大切です。　　　　　　　　C　훌륭합니다.
④ 立派です。　　　　　　　　D　강합니다.
⑤ 幸せです。　　　　　　　　E　이상합니다.
⑥ 不思議です。　　　　　　　F　소중합니다.
⑦ 疲れています。　　　　　　G　피곤합니다.

答：①＝B　②＝D　③＝F　④＝C　⑤＝A　⑥＝E　⑦＝G

❀「피곤합니다」は、日本語では、「〜(し)ます」より「〜(し)ています」の意味でよく使われます。発音は、「피고남니다」(p.49 ②参考)

3) 次の日本語を韓国語の疑問文にし、答えましょう。　93

① Q：誰が　누가
　　　一番　제일
　　　元気　건강
　　A：母　어머니

② Q：なぜ　왜
　　　パスポート　여권
　　　必要　필요
　　A：外国人　외국사람

③ Q：この店　이 가게
　　　どんな料理　어떤 음식
　　　有名　유명
　　A：メウンタン　매운탕

④ Q：韓国　한국
　　　危険　위험
　　A：安全　안전

① Q：＿＿＿＿＿＿＿＿＿＿　A：＿＿＿＿＿＿＿＿＿＿
② Q：＿＿＿＿＿＿＿＿＿＿　A：＿＿＿＿＿＿＿＿＿＿
③ Q：＿＿＿＿＿＿＿＿＿＿　A：＿＿＿＿＿＿＿＿＿＿
④ Q：＿＿＿＿＿＿＿＿＿＿　A：＿＿＿＿＿＿＿＿＿＿

答：① Q：누가 제일 건강합니까?　　　A：어머니가 제일 건강합니다.
　　② Q：왜 여권(旅券)이 필요합니까?　A：외국사람은 여권이 필요합니다.
　　③ Q：이 가게는 어떤 음식이 유명합니까?　A：매운탕이 유명합니다.
　　④ Q：한국은 위험합니까?　　　　A：아뇨 안전합니다.

まる暗記 94

＊이것으로 충분합니다.（これで十分です。）

② 私は、有名ではありません。
저는 유명하지 않습니다.

~は、名詞 + ではありません。(~ではないです。) ~는(은) 名詞 + 하지 않습니다.

🌸 「名詞 + 합니다（です）」で作られた形容詞の否定形は、「名詞 + 하지 않습니다（ではありません」の形になります。(p.81 後置否定形参考)

（「有名ではありません」は、유명이 아닙니다 とはいいませんので注意しましょう。）

> 述語によっては、どちらか一方のみを使う場合もあります。

「名詞 + 합니다（です）」の形容詞は、後置否定形以外に、述語の前に「안」をつける前置否定形も使われます。会話では、しばしば、「名詞」と「합니다（です）」の間に「안」をつけることがあります。

例）「유명합니다（有名です）」→「안 유명합니다/유명 안 합니다（有名ではありません）」

やってみよう！ 96

次の絵のように否定形（後置否定形）の文章を作りましょう。

① 必要ではありません。＿＿＿＿＿＿＿＿＿＿

② 危険ではありません。＿＿＿＿＿＿＿＿＿＿

③ 安全ではありません。＿＿＿＿＿＿＿＿＿＿

④ 疲れていません。＿＿＿＿＿＿＿＿＿＿＿＿

答：① 필요하지 않습니다.　② 위험하지 않습니다.　③ 안전하지 않습니다.　④ 피곤하지 않습니다.

まる暗記 97

＊불편하지 않습니다.（不便ではありません。／居心地が悪くありません。）

第21課　「名詞＋합니다（できます）」で可能を表す

① 韓国語できます。　🔊 98
　한국말합니다.

　名詞 ＋ できます。名詞 ＋ 합니다.

- 日本語の「名詞 ＋ できます」の形は、「名詞 ＋ 합니다」で表すことができます。

ワンポイント　「〜ができます」のように助詞が入るときは、助詞「が」→「を」になります。

- 한국말을 합니다.（韓国語ができます。）한국말이 합니다 ×
- 한국말을 합니까？（韓国語ができますか。）한국말이 합니까 ×

やってみよう！　🔊 99

[＿＿＿＿＿＿＿＿＿＿합니다.]

上の空欄に次の単語を使って、「＿＿＿できます。」の文を作りましょう。

① 英語	② 日本語	③ 歌	④ お酒　酒	⑤ 運転
영어	일본말　少し　조금	노래　よく　잘	とてもよく　아주 잘	운전

①　＿＿＿＿＿＿＿＿＿＿＿＿＿＿＿＿＿＿＿＿
②　＿＿＿＿＿＿＿＿＿＿＿＿＿＿＿＿＿＿＿＿
③　＿＿＿＿＿＿＿＿＿＿＿＿＿＿＿＿＿＿＿＿
④　＿＿＿＿＿＿＿＿＿＿＿＿＿＿＿＿＿＿＿＿
⑤　＿＿＿＿＿＿＿＿＿＿＿＿＿＿＿＿＿＿＿＿

答：① 영어합니다.　② 일본말 조금 합니다.　③ 노래 잘합니다.　④ 술 아주 잘합니다.　⑤ 운전합니다.

- 「노래 잘합니다」は、「歌が上手です」の意味。
- 「술 아주 잘합니다」は、「酒が強い」の意味。

★「잘합니다」と「잘 합니다」★ （자랍니다 と発音）

「합니다」の前に「잘」が加わると「上手です（能力）」の意味になります。この場合は、「잘합니다」を一つの単語として書き、間にスペースを入れません。しかし、「잘」は、「順調、無事」などさまざまな意味でも使われ、そのときは、「잘」と「합니다」の間にスペースを入れて「잘 합니다」と書きます。

例：운동 잘합니다（運動が上手です）
　　운동 잘 합니다（順調に運動しています）

まる暗記 🎧100

*한국사람은 술이 강합니까? 아뇨, 약합니다.
（韓国人はお酒が強いですか。いいえ、弱いです。）

술이 약(弱)합니다. → お酒が弱いです。
술에 약(弱)합니다. → お酒に弱いです。술에 강합니다. → お酒に強いです。

② | 韓国語できません。
　　한국말 못합니다. （모탐니다 と発音） 🎧101
　　名詞 + できません。名詞 + 못합니다.

「합니다」の前に「못」を付けると「～できません」の意味になります。能力を表す「잘합니다（上手です）」に対する否定形で、間にスペースを入れません。能力の有無を表します。

しかし、「못」は、「不可能」を示す副詞でもあり、そのときは、「못」と「합니다」の間にスペースを入れて「못 합니다」と書きます。（語尾が変わる「하지 못합니다」は、「못」と「합니다」の間にスペースを入れません。p.135 参考）

例：운동 못합니다（運動ができないです）
　　운동 못 합니다/운동하지 못합니다（運動したくても（条件が合わないので）できません）

💡「～ができません」のように助詞が入るときは、助詞「が」→「を」になります。

🌸 한국말을 못합니다.（韓国語ができません。） 한국말이 못합니다 ✕

やってみよう！ 🎙102

[_____합니까?]

[_____못합니다.]

次の絵を見て、「___できますか。」と聞いて、「___できません（못합니다）。」と答えましょう。

①	②	③	④
Q：運転 운전 A：×	Q：テニス 테니스 A：よく 잘	Q：酒 술 A：少しも 조금도	Q：中国語 중국말 A：まったく 전혀

① Q : _____ A : _____
② Q : _____ A : _____
③ Q : _____ A : _____
④ Q : _____ A : _____

```
答： ① Q：운전합니까?        A：운전 못합니다.
    ② Q：테니스합니까?      A：테니스 잘 못합니다.
    ③ Q：술합니까?          A：술 조금도 못합니다.
    ④ Q：중국말합니까?      A：중국말 전혀 못합니다.
```

- ✿ 「테니스 잘 못합니다」は、「テニスが下手です」の意味。
- ✿ 「조금도」や「전혀」のような副詞が付くと、「못합니다」はくっつけて書きます。
- ✿ 「술 조금도 못합니다」は、「酒がまったく飲めません」の意味。
- ✿ 「술합니까?」、「담배(たばこ)합니까?」は、「～やりますか。」の意味。
- ✿ 「술합니까?」 →「술 마십니까?（酒飲みますか）」、
  「담배(たばこ)합니까?」→「담배 피웁니까?（たばこ吸いますか？）」ともいいます。

まる暗記 🎙103

*술도 담배도 못합니다.（お酒もたばこもだめなんです。）

- ✿ 上の文は、「酒が飲めないです。たばこが吸えないです。」という意味です。
「酒は飲まないです。」は、술 안 합니다、「たばこは吸わないです。」は、담배 안 합니다になります。

87

第5章　存在詞「〜あります／います」を使ったフレーズ

第22課　〜があります。／います。 〜가(이) 있습니다.

① 約束があります。
　약속이 있습니다.
　姉がいます。
　언니가 있습니다.

〜があります。／います。〜가(이) 있습니다.

- 韓国語では、「あります」と「います」の区別がなく、どちらも「있습니다」になります。
- 있습니다 は、잇씀니다 と発音します。

やってみよう！

1) [　저(나)는 _____ 가(이) 있습니다.　]　105

上の空欄に次の単語を使って、「私は、_____ があります／います。」の文を作りましょう。

① 時間	② 仕事	③ お金	④ 恋人	⑤ 人気
시간	일	돈	애인	인기

① _____
② _____
③ _____
④ _____
⑤ _____

答：① 저(나)는 시간이 있습니다.　② 저(나)는 일이 있습니다.　③ 저(나)는 돈이 있습니다.
　　④ 저(나)는 애인이 있습니다.　⑤ 저(나)는 인기가 있습니다.

- 애인 は、漢字で「愛人」と書きますが、決して怪しい意味ではありません。

2) 次の日本語に従い韓国語で書きましょう。 🔊106

スタート → 山田さんは、会議があります。 → 山田さんは、クライアントと会議があります。 → 山田さんは、午後（に）クライアントと会議があります。 → ゴール 山田さんは、事務室で午後（に）クライアントと会議があります。（　　　　　　　　　　　）→
（　　　　　　　　　　　　　　　）→（　　　　　　　　　　　　　　　　）
→（　　　　　　　　　　　　　　　　　　　　　　　　　　）

会議：회의　クライアント：클라이언트　事務室：사무실

> 答： スタート 야마다 씨는 회의가 있습니다 → 야마다 씨는 클라이언트와 회의가 있습니다 →
> 야마다 씨는 오후에 클라이언트와 회의가 있습니다 →
> ゴール 야마다 씨는 사무실에서 오후에 클라이언트와 회의가 있습니다

まる暗記 🔊107

> *오늘 일식집에서 회식이 있습니다.
> （今日、日本料理屋で飲み会があります。）

MEMO!

p.70「蛙の合唱」を使った家族の呼び方は覚えましたか。

じゃぁ！ 次のフレーズの空欄に、누나、남동생、여동생…などを自由に入れて会話しましょう。また、 スタート → ゴール の文を参考にフレーズを伸ばしてみましょう。

저(나)는 ＿＿누나＿＿ 가 있습니다. → 누나는 ＿＿약속＿＿ 이 있습니다.

＿＿＿＿＿＿＿＿＿＿＿＿＿＿＿ → ＿＿＿＿＿＿＿＿＿＿＿＿＿＿＿ →

＿＿＿＿＿＿＿＿＿＿＿＿＿＿＿ → ＿＿＿＿＿＿＿＿＿＿＿＿＿＿＿

89

② 日本に富士山があります。 🔊108
　　일본에 후지산이 있습니다.
　　〜に 〜があります。／います。〜에〜가(이) 있습니다.

　○ 助詞「に」は、パッチムに関係なく 에 を用います。

やってみよう！ 🔊109

[＿＿＿＿에 ＿＿＿＿가(이) 있습니다.]

上の空欄に次の単語を使って、「＿＿＿に＿＿＿があります。／います。」の文を作りましょう。

① ここ 여기 コンビニ 편의점	② ここ 이곳 スーパーマーケット 슈퍼마켓	③ 家 집 犬 강아지	④ 地下鉄の駅 지하철 역 売店 매점	⑤ 夕方 저녁 用事 볼일

① ＿＿＿＿＿＿＿＿＿＿＿＿＿＿＿＿＿＿＿＿＿＿＿＿＿
② ＿＿＿＿＿＿＿＿＿＿＿＿＿＿＿＿＿＿＿＿＿＿＿＿＿
③ ＿＿＿＿＿＿＿＿＿＿＿＿＿＿＿＿＿＿＿＿＿＿＿＿＿
④ ＿＿＿＿＿＿＿＿＿＿＿＿＿＿＿＿＿＿＿＿＿＿＿＿＿
⑤ ＿＿＿＿＿＿＿＿＿＿＿＿＿＿＿＿＿＿＿＿＿＿＿＿＿

答：① 여기(에) 편의점이 있습니다.　② 이곳에 슈퍼마켓이 있습니다.　③ 집에 강아지가 있습니다.
　　④ 지하철 역에 매점이 있습니다.　⑤ 저녁에 볼일이 있습니다.　　「편의점」→ 発音は「펴니점」

　○「여기/거기/저기」の後の助詞「에」は、よく省略されます。
　○ 会話では、「볼일（用事）」、「할일（やること）」も縮約して「일（仕事）」といいます。

ワンポイント「〜に 〜があります／います」は、「〜が 〜にあります／います」または、「〜は 〜にあります／います」に言い換えることもできます。

　　일본에 후지산이 있습니다.（日本に富士山があります）
　　후지산이 일본에 있습니다.（富士山が日本にあります）
　　후지산은 일본에 있습니다.（富士山は日本にあります）

まる暗記 🔊110

＊환전소는 백화점에 있습니다.（両替所は、デパートにあります。）

③ 家の左側に車庫があります。　　　　　　　　🔊 111

집 왼쪽에 차고가 있습니다.

〜（位置）に 〜があります。／います。〜(位置)에〜가(이) 있습니다.

| 左（側） | 왼쪽 | 右（側） | 오른쪽 | 中央 | 중앙 | 中間 | 중간 |
| 東（側） | 동쪽 | 西（側） | 서쪽 | 南（側） | 남쪽 | 北（側） | 북쪽 |

- 「〜の左」など位置をいうときの「の」は省略されます。
- 漢字熟語の「左右」は「좌우」、「東西南北」は「동서남북」といいます。

やってみよう！

1）次の例文に従って絵を完成させましょう。

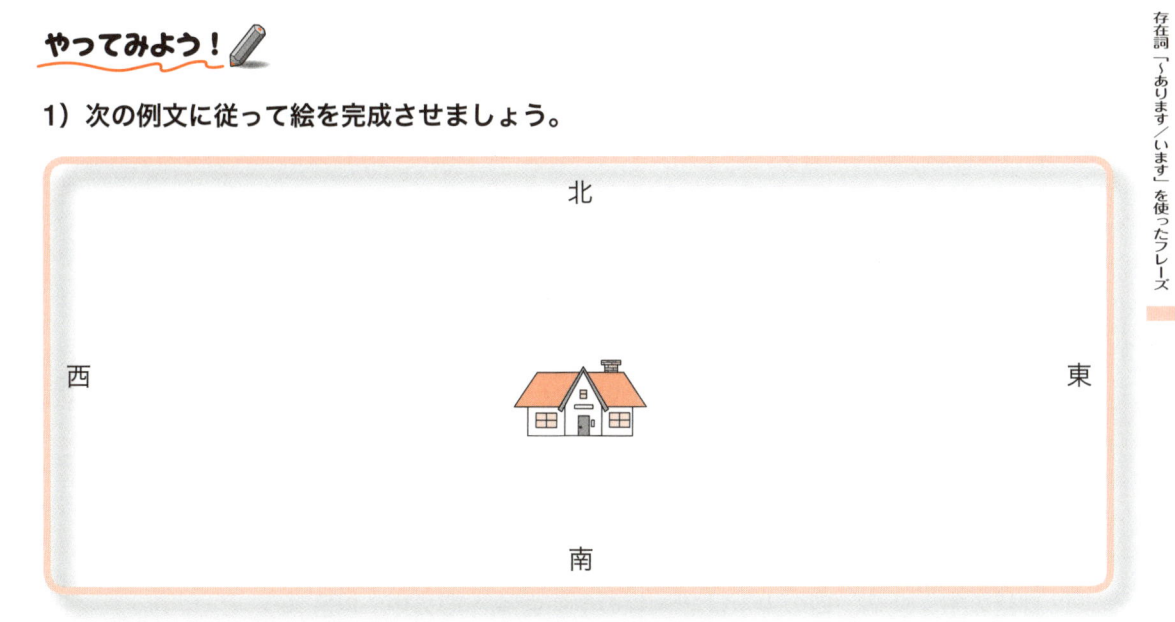

```
            北


西                 🏠                 東


            南
```

① 집 동쪽에 해가 있습니다.　　② 집 서쪽에 길이 있습니다.

③ 집 남쪽에 화단이 있습니다.　　④ 집 북쪽에 산이 있습니다.

해（太陽＝태양)、길（道)、화단（花壇)、산（山）

答の絵

91

> **まる暗記** 🎧112
>
> ＊저쪽에 주차장이 있습니다.（あちらに駐車場があります。）

　💠 場所を示す言葉は、「여기/거기/저기」や「이곳/그곳/저곳」がありますが、方向を表す「쪽」をつけた「이쪽/그쪽/저쪽」を用いても同じ意味になります。p.220 参考

2) 次の言葉に合わせてジェスチャーをしましょう。

| 위（上） | 아래（下） | 앞（前） | 뒤（後ろ） | 옆（横） |

| 안（中） | 밖（外） | 속（中） | 가운데（真ん中） | 사이（間） |

　💠「안（中）」は範囲の中を意味し、「속（中）」は物体の中を意味します。
　　部屋の中：방 안　口の中：입 안　森の中：숲 속　心の中：마음 속
　💠「아래（下）」と同じ使い方をする「밑（下）」は、真下や物の下を意味します。

> **まる暗記** 🎧113
>
> ＊역 옆에 우체국이 있습니다.（駅の隣に郵便局があります。）

＊位置を表す言葉に助詞「〜에（に）」を入れて発音しましょう。　🔊114
　（ジェスチャーをしながら覚えましょう）

위에 / 아래에 / 앞에(아페) / 뒤에 / 옆에(여페) / 안에(아네) / 밖에(바께) / 속에(소게) / 가운데에 / 사이에　❀（　）の中は発音を表記しています。

3）次の例文に従って絵を完成させましょう。

① 방 가운데에 테이블이 있습니다.

② 테이블 위에 컵이 있습니다.

③ 테이블 아래에 구두가 있습니다.

④ 컵 밑에 컵 받침이 있습니다.

⑤ 컵 앞에 휴대폰이 있습니다.

⑥ 컵 뒤에 냅킨이 있습니다.

⑦ 컵 안에 아이스크림이 있습니다.

⑧ 아이스크림 속에 초콜릿이 있습니다.

⑨ 컵 밖에 스푼이 있습니다.

⑩ 테이블 옆에 화분이 있습니다.

⑪ 테이블하고 화분 사이에 가방이 있습니다.

방：部屋　테이블：テーブル　컵：コップ　구두：靴　컵 받침：コースター　휴대폰：携帯電話　냅킨：ナプキン　아이스크림：アイスクリーム　초콜릿：チョコレート　스푼：スプーン　화분：植木鉢　가방：かばん
＊테이블は、탁자（卓子）ともいいます。

第23課　〜がありません。／いません。〜가(이) 없습니다.

① 妹（弟）がいません。　🔊115
　동생이 없습니다.
　〜がありません。／いません。〜가(이) 없습니다.

- 否定形は、안 있습니다 ではなく、없습니다。
- 없습니다は、업씀니다 と発音します。
- 동생 は、下の兄弟・姉妹を総称していいます。妹、弟より、一般的に使われる言葉です。

やってみよう！　🔊116

[_____는(은) _____가(이) 없습니다.]

上の空欄に次の単語を使って、「___は、___がありません。／いません。」の文を作りましょう。

| ① 今日 오늘
スケジュール 스케줄 | ② 明日 내일
予定 예정 | ③ 土曜日 토요일
授業 수업 | ④ 兄 형
恋人 애인 | ⑤ 兄 오빠
恋人 애인 |

①＿＿＿＿＿＿＿＿＿＿＿＿＿＿＿＿＿＿＿＿＿＿＿
②＿＿＿＿＿＿＿＿＿＿＿＿＿＿＿＿＿＿＿＿＿＿＿
③＿＿＿＿＿＿＿＿＿＿＿＿＿＿＿＿＿＿＿＿＿＿＿
④＿＿＿＿＿＿＿＿＿＿＿＿＿＿＿＿＿＿＿＿＿＿＿
⑤＿＿＿＿＿＿＿＿＿＿＿＿＿＿＿＿＿＿＿＿＿＿＿

答：① 오늘은 스케줄이 없습니다.　② 내일은 예정이 없습니다.　③ 토요일은 수업이 없습니다.
　　④ 형은 애인이 없습니다.　⑤ 오빠는 애인이 없습니다.

まる暗記　🔊117

＊걱정이 없습니다.（心配ごとがありません。）

② 財布にお金がありません。　　　　　　　　　　　🔊118
　지갑에 돈이 없습니다.

〜に　〜がありません／いません。〜에 〜가(이) 없습니다.

やってみよう！ 🔊119

[＿＿＿＿에 ＿＿＿＿가(이) 없습니다.]

上の空欄に次の単語を使って、「＿＿に＿＿がありません。／いません。」の文を作りましょう。

|  ① ここ 여기
メニュー 메뉴 |  ② 食卓の上 식탁 위
匙と箸 수저 |  ③ かばんの中 가방 안
財布 지갑 |  ④ 案内所 안내소
人 사람 |  ⑤ 家 집
ママ 엄마 |

① ＿＿＿＿＿＿＿＿＿＿＿＿＿＿＿＿＿＿＿＿＿＿＿＿＿＿＿＿＿＿＿＿＿
② ＿＿＿＿＿＿＿＿＿＿＿＿＿＿＿＿＿＿＿＿＿＿＿＿＿＿＿＿＿＿＿＿＿
③ ＿＿＿＿＿＿＿＿＿＿＿＿＿＿＿＿＿＿＿＿＿＿＿＿＿＿＿＿＿＿＿＿＿
④ ＿＿＿＿＿＿＿＿＿＿＿＿＿＿＿＿＿＿＿＿＿＿＿＿＿＿＿＿＿＿＿＿＿
⑤ ＿＿＿＿＿＿＿＿＿＿＿＿＿＿＿＿＿＿＿＿＿＿＿＿＿＿＿＿＿＿＿＿＿

答：① 여기(에) 메뉴가 없습니다.　② 식탁 위에 수저가 없습니다.　③ 가방 안에 지갑이 없습니다.
　　④ 안내소에 사람이 없습니다.　⑤ 집에 엄마가 없습니다.

❀ 「여기/거기/저기」の後の助詞「에」は、よく省略されます。
❀ 「수저」は「숟가락（匙）」と「젓가락（箸）」を合わせていう言葉です。
　韓国では、ご飯やスープ類は匙で、おかずは箸で食べるため、食卓には匙と箸がセッティングされるのが常です。

ワンポイント　「〜に　〜がありません／いません」は、「〜が（は）〜にありません／いません」に言い換えることもできます。「지갑이(은) 가방 안에 없습니다.（財布が（は）かばんの中にありません。）」

まる暗記 🔊120

＊미련이 없습니다.（思い残すこと（未練）がありません。）

③ | 質問は、ありますか。　　　　　　　　　　　　🎧121
　　질문이 있습니까?
　　~が（は）、ありますか／いますか。~가(이) 있습니까?

はい、あります。　　｜　いいえ、ありません。
네, 있습니다.　　　｜　**아뇨, 없습니다.**

やってみよう！ 🎧122

[＿＿＿＿에 ＿＿＿＿가(이) 있습니까?]

上の空欄に次の単語を使って、「＿＿＿＿に＿＿＿＿が（は）ありますか。」の文を作り、
○、×に従い「はい、あります」や「いいえ、ありません」を入れましょう。

| ① 駅の前　역 앞　タクシー乗り場　택시 타는 곳 ○ | ② 空港　공항　銀行　은행 ○ | ③ 右側　오른쪽　エレベーター　엘리베이터 × | ④ 近く　근처　量販店　대형마트 × |

① ＿＿＿＿＿＿＿＿＿＿＿＿＿＿＿＿／＿＿＿＿＿＿＿＿＿＿＿＿＿＿＿＿
② ＿＿＿＿＿＿＿＿＿＿＿＿＿＿＿＿／＿＿＿＿＿＿＿＿＿＿＿＿＿＿＿＿
③ ＿＿＿＿＿＿＿＿＿＿＿＿＿＿＿＿／＿＿＿＿＿＿＿＿＿＿＿＿＿＿＿＿
④ ＿＿＿＿＿＿＿＿＿＿＿＿＿＿＿＿／＿＿＿＿＿＿＿＿＿＿＿＿＿＿＿＿

答：① 역 앞에 택시 타는 곳이 있습니까?/네, 있습니다.　② 공항에 은행이 있습니까?/네, 있습니다.
　　③ 오른쪽에 엘리베이터가 있습니까?/아뇨, 없습니다.　④ 근처에 대형마트가 있습니까?/아뇨, 없습니다.

▫ 「~に ~が~」は、「~が」の代わりに「~は」に言い換えたり、順序を変えて「~は ~に」にすることができます。공항에 은행은 있습니까?（空港に銀行はありますか。）、은행은 공항에 있습니까?（銀行は空港にありますか。）

まる暗記 🎧123

＊**내일 무슨 예정이 있습니까?**（明日、何の予定がありますか。）

96

ステップアップ ✏️ 🎧124

上の絵を見て、次の日本語を韓国語に直して、その答を韓国語で書きましょう。

Q1：薬局は、どこにありますか。 _____

A1：_____

Q2：薬局の上に何がありますか。 _____

A2：_____

Q3：ホテルの前に誰がいますか。 _____

A3：_____

答：Q1：약국이 어디에 있습니까?　　A1：약국은 호텔 옆에 있습니다.（薬局は、ホテルの隣にあります。）
　　Q2：약국 위에 무엇이 있습니까?　A2：약국 위에 노래방이 있습니다.（薬局の上にカラオケ屋があります。）
　　Q3：호텔 앞에 누가 있습니까?　　A3：호텔 앞에 벨보이가 있습니다.（ホテルの前にベルボーイがいます。）

- ❀ Q1「薬局は～」は、韓国語では「薬局が～」になります。
- ❀「カラオケに行く」は、カラオケ屋を縮約していっているので、韓国語では、「노래방」といいます。「趣味がカラオケ」の場合は、「노래방」ではなく「노래」になります。

まる暗記 🎧125

＊메뉴 여기 있습니다.（メニューをどうぞ！）

- ❀「どうぞ」は、その時々で適切な言葉に変える必要があります。

第6章　数詞を使ったフレーズ

　数字の表し方は、漢字語と共に入ってきた数え方である漢数詞と漢字以前から使われていた固有数詞の二通りがあります。この二つは、それぞれ異なった使い方をします。次にその使い方を簡略に説明しましょう。

- 漢数詞：価格、番号、学年、年、月、日、個月、週、号、長さ、重さ、分、秒、階、順位などを表すとき

- 固有数詞：人数（名）、動物（匹、羽など）、物体（個、本、台、杯、枚など）、順番、回数、時間、年齢などを表すとき

- 漢数詞と固有数詞を併用：時刻を表すとき

第24課　漢数詞を使った表現

【漢数詞】　🔊 126

漢数詞の発音は中国、韓国、日本で似ており、多くの数を数えるときに使います。

0	1	2	3	4	5	6	7	8	9
영/공	일	이	삼	사	오	육	칠	팔	구
10	11	12	13	14	15	16	17	18	19
십	십일	십이	십삼	십사	십오	십육	십칠	십팔	십구
20	30	40	50	60	百	千	万	億	兆
이십	삼십	사십	오십	육십	백	천	만	억	조

【発音上の注意】

パッチムがある文字は、後続文字との間に連音化、濃音化、鼻音化など発音の変化が生じます。(p.48 参考)

11 (십일) → 시빌　12 (십이) → 시비　13 (십삼) → 십쌈　42 (사십이) → 사시비
105 (백오) → 배고　1001 (천일) → 처닐　1022 (천이십이) → 처니시비
16 (십육) → 심뉵　106 (백육) → 뱅뉵　116 (백십육) → 백씸뉵　1006 (천육) → 천뉵

6(육)は、二番目以降の文字としてくると「륙」と発音します。それにより発音変化が起こることがあります。たとえば、16[십륙] → 십뉵 → 심뉵、106[백륙] → 백뉵 → 뱅뉵 と発音します（p.54 チェック✔。p.52 鼻音化参考）。1006[천륙]は、「철륙」ではなく 천뉵 と発音するので注意しましょう（p.54 合成語の例外参考）。

① いくらですか。
얼마입니까?

🎧127

千ウォンです。
천**원**입니다.

- 「얼마입니까?」は、会話では「얼맙니까?」とよく縮約していいます。
- 韓国の貨幣単位は、「원（ウォン）」。「천원」は、「처넌」と発音します。

やってみよう！ 🎧128

次の日本語を韓国語で書きましょう。数字もハングルで書きましょう。

①	②	③	④
13000 万ウォン	1460 万ウォン	15,800 ウォン	2,179 ウォン

① この家は、13000 万ウォンです。 _____

② その車は、1460 万ウォンです。 _____

③ あのカバンは、15,800 ウォンです。 _____

④ これは、2,179 ウォンです。 _____

答：① 이 집은 일억삼천만원입니다. ② 그 차는 천사백육십만원입니다. ③ 저 가방은 만오천팔백원입니다.
　　④ 이건(이것은) 이천백칠십구원입니다.

🌼「원（ウォン）」は、前にくる文字にパッチムがあると、パッチムが「원」と連音化するため、複合母音「원」は、「언」のように簡単に発音されます。

百ウォン（백원）→ 배건　　千ウォン（천원）→ 처넌　　万ウォン（만원）→ 마넌

6万ウォン（육만원）→ 융마넌　　10万ウォン（십만원）→ 심마넌

> 韓国語では、百、千、万は、その前に「一」をつけないので
> 「一万ウォン」は、「万ウォン（만원 → 마넌 と発音）」、
> 「一千万ウォン」は、「千万ウォン（천만원 → 천마넌 と発音）」といいます。

「0」は、「공」とも「영」ともいいますが、場合によって使い分けをします。

例）サッカーの試合は、3 対 0 で勝ちました。축구시합은 3(삼) 대 0(영)으로 이겼습니다.

視力が 0.5 です。시력이 영점오입니다. (공점오×)

今日の気温は、0.5 度です。오늘 기온은 영점오도입니다.

0 歳教育：영세교육

アタッシュ・ケース：007(공공칠)가방

まる暗記　🎧129

店員：어서 오세요. （いらっしゃいませ！）

客：이거 얼맙니까? （これ、いくらですか。）

店員：15000원입니다. （15000 ウォンです。）

客：이거 주세요. （これ、ください。）

店員：네, 감사합니다. （はい、ありがとうございます。）

店員：또 오세요. （また、来てください。）

客：또 올게요. （また、来ます。）　　「또 올게요」は、「또 올께요」と発音

「어서 오세요」の意味

🌼 店にきた客に対して → いらっしゃいませ！

🌼 家に招いた客に対して → ようこそ、我が家へ！

🌼 待ち合わせで遅れた人に対して → 早く来てください！

② 携帯電話は、何番ですか。
   휴대폰이 몇 번입니까?

🔊 130

090-1234-5678 です。
090−1234−5678입니다.

> 56は、오륙 と発音
> 0は、공 といいます。
> 12 と続けて発音すると2に ㄴ 添加と流音化が起こり、일리 と発音

- 「携帯電話は〜」の助詞「〜は」は、「〜が」を使うのが自然です。
- 「携帯電話」は、「휴대폰（携帯フォン）」、「핸드폰（ハンドフォン）」、「휴대전화（携帯電話）」など、いろいろな表現が使われています。
- 「몇（何／幾）」は、数を尋ねる疑問詞。応答も数字です。
- 「몇（何）」の後には、名詞「番」を加えて、質問をはっきりさせます。
  「携帯番号は何ですか」のように名詞を省略すると意味があいまいになるので注意しましょう。「電話番号が何番ですか。（전화번호가 몇 번입니까?）」ともいいます。
- 「몇 번（何番）」の発音は「몇뻔」
- 「−」は、「의（の）」の意味で使われ、発音は「에」。（p.222 参考）

やってみよう！ 🔊 131

[_____가(이) 몇 名詞 + 입니까?]

[_____名詞 + 입니다.]

上の空欄に次の単語を使って、文を完成させましょう。

① トイレ	② 家	③ 受付番号	④ 身長	⑤ 体重
화장실	집	접수번호	키	몸무게
2 階（층）	105 号室（호실）	77 番（번）	184cm（센티미터）	74Kg（킬로그램）

① _____ ? /
② _____ ? /
③ _____ ? /
④ _____ ? /
⑤ _____ ? /

答：① 화장실이 몇 층입니까? トイレは何階ですか。
　　　2(이)층입니다. 2階です。（韓国語では「階」は、「층（層）」で表します。）

② 집이 몇 호실입니까? 家は何号室ですか。
　　105(백오)호실입니다. 105号室です。（몇 호실 の発音 → 며토실)

③ 접수번호가 몇 번입니까? 受付番号は何番ですか。
　　77(칠십칠)번입니다. 77番です

④ 키가 몇 센티미터입니까? 身長は何センチですか。
　　184(백팔십사)센티미터입니다. 184センチです。
　　（センチメートル（센티미터）は、센치미터、縮約して 센티、센치 ともいいます。）
　　（身長 → 文章では漢字語「신장」も使われます。）
　　＊「背がどのくらいですか」ともいいます。→ 키가 얼마입니까?

⑤ 몸무게가 몇 킬로그램입니까? 体重が何キロですか。
　　74(칠십사) 킬로그램입니다. 74キロです。
　　（キログラム（킬로그램）は、縮約して 킬로 ともいいます。）
　　（体重→文章では漢字語「체중」も使われます。）
　　＊「体重がどのくらいですか」ともいいます。→ 몸무게가 얼마입니까?

まる暗記 🎧132

＊ **240사이즈 구두 있어요?** （240サイズの靴ありますか。）

🌸 靴のサイズは、日本ではセンチですが、韓国ではミリでいいます。24センチの靴を買うときは、240（ミリメートル（미리미터））といいましょう。

③ | 何年生まれですか。
　 | **몇 년생입니까?**　　　〈「몇 년」は「면년」と発音〉

1998 年生まれです。
1998(천구백구십팔)년생입니다.

🌸 「몇 년생〜」を漢字で書くと「何年生〜」になりますが、これは、「学年」を聞いているのではなく、「何年生まれ〜」の意味で使われます。

🔔 学年を聞くときは「몇 학년（何学年）」といいます。

何年生ですか。→ 몇 학년(学年)입니까? (몇 학년 → 発音：며탕년)

> 1年生です。→ 1(일)학년입니다.（일학년 → 発音：이랑년）
> 2年生です。→ 2(이)학년입니다.（이학년 → 発音：이항년）
> 3年生です。→ 3(삼)학년입니다.（삼학년 → 発音：사망년）
> 4年生です。→ 4(사)학년입니다.（사학년 → 発音：사항년）
> 5年生です。→ 5(오)학년입니다.（오학년 → 発音：오항년）
> 6年生です。→ 6(육)학년입니다.（육학년 → 発音：유캉년）

【「年」の発音上の注意】 🎧134

🔸 「년（年）」は、鼻音「ㄴ」で始まるため、その前の文字にパッチムがある場合は、流音化や鼻音化などでパッチムや次の文字「ㄴ」の音が変化します。(p.52 〜 p.54 参考)

1年	2年	3年	4年	5年	6年	7年	8年
일년 (일련)	이년	삼년	사년	오년	육년 (융년)	칠년 (칠련)	팔년 (팔련)

9年	10年	11年	13年	16年	26年	50年	100年
구년	십년 (심년)	십일년 (시빌련)	십삼년 (십쌈년)	십육년 (심늉년)	이십육년 (이심늉년)	오십년 (오심년)	백년 (뱅년)

🔸 「년（年）」は、漢字語の発音規則により「ㄴ」が単語の最初に用いられる場合は、子音「ㄴ」は発音せず、「ㅇ」に変わります。(p.55 🔔 参考)

　　例）年齢 연령（発音 → 열령）　年俸 연봉　年末年始 연말 연시　年中無休 연중무휴

🔸 「년（年）」は、一つの単語の二番目以後に用いる場合は、子音「ㄴ」を発音します。

　　例）生年月日 생년월일　　2000年代 2000(이천)년대　　3年間 (삼)년간

まる暗記 🎧135

＊올해는 2024(이천이십사)년입니다.（今年は、2024年です。）

韓国語で「年」を表す言葉は、漢字語「年（년）」と固有語「年（해）」があります。

「작년」は「장년」と発音

	新年	今年	昨年	来年	今年の春
漢字語	신년	금년	작년	내년	금년 봄
固有語	새해	올해	지난해	다음해	올봄

やってみよう！

漢字語「年（년）」と固有語「年（해）」は、習慣上、使い分けをしますが、次の場合は、どちらを使うでしょうか。次のフレーズに「新年」、「来年」の単語を入れましょう。

① 新年は、2025年です。　＿＿＿＿＿＿は(은) ＿＿＿＿＿＿＿＿년입니다.

② 来年は、2025年です。　＿＿＿＿＿＿는(은) ＿＿＿＿＿＿＿＿년입니다.

答：① 새해는 2025(이천이십오)년입니다.　② 내년은 2025(이천이십오)년입니다.

④ 何月生まれですか。
몇 월생입니까?

3月生まれです。
3(삼) 월생입니다.

・「몇 월」は、「連音化」やそれに伴う複合母音の簡略化によって「며덜」と発音します。

【発音上の注意】

・「월（月）」の前の文字にパッチムがない場合は、文字通り発音しますが、パッチムがある場合は、パッチムが連音化し「월」の母音と結びついて発音されます。その際「월」は、簡略化され「얼」と発音されます。例）일월（1月）→ 이뤌 → 이럴

ただし、6月と10月は、それぞれ、パッチム ㄱ、ㅂ を抜かします。

6月：유월(육월×)　10月：시월(십월×)

・五六月：오뉴월　오유월×　오류월×　오륙월×　p.55、6) ㄴ(n) 音添加を参考

やってみよう！

1) 次の月を発音通りに（　）の中にハングルで書き入れましょう。 🎧139

1月	2月	3月	4月	5月	6月
일월	이월	삼월	사월	오월	유월
(　　)		(　　)			

7月	8月	9月	10月	11月	12月
칠월	팔월	구월	시월	십일월	십이월
(　　)	(　　)	(　　)		(　　)	(　　)

> 答：일월（1月）→ 이럴　　삼월（3月）→ 사멀　　칠월（7月）→ 치럴
>   팔월（8月）→ 파럴　　십일월（11月）→ 시비럴　　십이월（12月）→ 시비월

2) 次の高校生のブログを韓国語に直しましょう。 (p.226「時を表す表現」参考)

> ✎韓国の入学式は3月です。今は2月です。
> 今月（に）私は高校を卒業します。来月には大学に入学します。
> 月末（に）は、日本を旅行します。✿

　❀ 韓国の入学式（입학식）と始業式（개학식）は3月。卒業式（졸업식）は2月。

_____
_____
_____
_____

> 答：✎한국의 입학식은 3(삼)월입니다. 지금은 2(이)월입니다.
>   이번 달에 저는 고등학교(고교)를 졸업합니다. 다음 달에는 대학에 입학합니다. 월말에는 일본을 여행합니다. ✿

まる暗記　🎧140

> ＊몇 월달에 결혼합니까? （何月に結婚しますか。）
> 6(유) 월달에 결혼합니다. （6月に結婚します。）

💡 韓国語で「月」をいうときは、習慣上、漢字語の「月（월）」に固有語の「月（달）」を加えることが多くあります。「〜月〜日」というときは、加えないので注意しましょう。

　例）3月 → 3월달（3月の月）　　何月 → 몇 월달　　＊3月1日 → 3월 1일

⑤ 今日は、何日ですか。
오늘은 며칠입니까?

10月10日です。
10(시)월 10(십)일입니다.

- 「何日」は、何（몇）＋日（일）からできていますが、連音化した形の「며칠」と書きます。
- 「10(십)일입니다」は、「시비림니다」と発音します。
- 「今日は、何月何日ですか。」→ 오늘은 몇 월 며칠입니까?
  （発音 → 오느른 며덜 며치림니까?）

【発音上の注意】

- 「일（日）」の前の文字にパッチムがない場合は、文字通り発音しますが、パッチムがある場合は、パッチムが連音化し「일」の母音と結びついて発音されます。

やってみよう！

1) 次の日を発音通りに（　）の中にハングルで書き入れましょう。

1日	일일(	)	16日	십육일(	)
2日	이일		17日	십칠일(십	)
3日	삼일(	)	18日	십팔일(십	)
4日	사일		19日	십구일(	)
5日	오일		20日	이십일(	)
6日	육일(	)	21日	이십일일(	)
7日	칠일(	)	22日	이십이일(	)
8日	팔일(	)	23日	이십삼일(	)
9日	구일		24日	이십사일(	)
10日	십일(	)	25日	이십오일(	)
11日	십일일(	)	26日	이십육일(	)
12日	십이일(	)	27日	이십칠일(이십	)
13日	십삼일(	)	28日	이십팔일(이십	)
14日	십사일(	)	29日	이십구일(	)
15日	십오일(	)	30日	삼십일(	)
			31日	삼십일일(	)

- オレンジ文字は p.51 濃音化、■ は p.99 参考

答

1日	일일(이릴)	18日	십팔일(십파릴)
3日	삼일(사밀)	19日	십구일(십꾸일)
6日	육일(유길)	20日	이십일(이시빌)
7日	칠일(치릴)	21日	이십일일(이시비릴)
8日	팔일(파릴)	22日	이십이일(이시비일)
10日	십일(시빌)	23日	이십삼일(이십싸밀)
11日	십일일(시비릴)	24日	이십사일(이십싸일)
12日	십이일(시비일)	25日	이십오일(이시보일)
13日	십삼일(십싸밀)	26日	이십육일(이심뉴길)
14日	십사일(십싸일)	27日	이십칠일(이십치릴)
15日	십오일(시보일)	28日	이십팔일(이십파릴)
16日	십육일(심뉴길)	29日	이십구일(이십꾸일)
17日	십칠일(십치릴)	30日	삼십일(삼시빌)
		31日	삼십일일(삼시비릴)

2) カレンダーを見て会話を完成させましょう。

「何の」：무슨

🔊 143

Q1：5月20日は、何の日ですか。
_____

A1：成人の日です。_____

Q2：出張はいつからいつまでですか。
_____

A2：10日から15日までです。_____

❂ 「～から～まで」→「～부터 ～까지」　　❂ 5月5日：子供の日（6日：振替休日）

答：Q1：5(오)월 20(이십)일은 무슨 날입니까？　　A1：성년의 날입니다.
　　Q2：출장은 언제부터 언제까지입니까？　　A2：10(십)일부터 15(십오)일까지입니다.

❂ 「何の」、「どんな（ある）」の後にくる「日」、「月」、「年」は、固有語を使います。

何の日：무슨 일（×）　ある日：어느(어떤) 날、どの月：어느(어떤) 달、どの年：어떤 해

まる暗記 🔊 144

＊며칠에 귀국합니까？（何日に帰国しますか。）
3(삼) 일날에 귀국합니다.（3日に帰国します。）

韓国語で「日」をいうときは、習慣上、漢字語の「日（일）」に固有語の「日（날）」を加えることが多くあります。「～月～日」というときは、加えないので注意しましょう。

3日 → 3일날（3日の日）　何日／幾日 → 며칠날（発音：며친날）　＊5月20日 → 5월 20일

⑥ 誕生日は（が）いつですか。
　生일이 언제입니까?
🎧 145

私の誕生日は、7月26日です。
제 생일은 7(칠)월 26(이십육)일입니다.

- 「26(이십육)일입니다」は、「이심뉴기림니다」と発音します。
- 생일 は、漢字で「生日」と書きます。

やってみよう！ 🎧 146

[_____ 가(이) 언제입니까?]

上の空欄に次の単語を使って、「_____がいつですか。」の文を作りましょう。

| 結婚記念日／결혼기념일 | 結婚式／결혼식 | 同窓会／동창회 |
| 大学入試／대학입시 | 入学式／입학식 | 卒業式／졸업식 | 始業式／개학식 |

_____

_____

答：결혼기념일 / 결혼식 / 입학식 / 졸업식 / 개학식이 언제입니까?　　동창회 / 대학입시가 언제입니까?

- 「입학식」は、「이팍씩」と発音します。

まる暗記 🎧 147

＊어머니날은 언제입니까? （母の日は、いつですか。）
한국에는 어머니날도 아버지날도 없습니다. 어버이날이 있습니다.
（韓国には、母の日も父の日もありません。両親の日があります。）

ワンポイント 日本語に、「記念日（기념일）」のように一つの名詞でいう場合と「海の日（바다의 날）」のように名詞二つを「の」でつないでいう場合があるのと同じく、韓国語も漢字語から来た「日（일）」と、固有語である「日（날）」を使い分けます。

[伝統行事ではないものの若者の間で流行っている記念日]

2月14日　발렌타인데이（バレンタイン・デー：女性が好きな男性にチョコレートを贈る日）
3月14日　화이트데이（ホワイト・デー：男性がお返しとしてキャンデーを贈る日）
4月14日　블랙데이（ブラック・デー：恋人がいない人が集まり、黒い服装でジャージャー麺を食べる日）
11月11日　빼빼로데이（ポッキーの日）

ジャージャー麺（짜장면/자장면）とチャンポン（짬뽕）

韓国の国民的な人気メニュー、ジャージャー麺とチャンポン（日本のチャンポンと違って辛い海鮮うどん）。「どちらも食べたい」というその悩みを解決したメニューがついに登場しました。名前は、チャムチャー麺（짬짜면）。ジャージャー麺とチャンポンを区切りのある器に半分ずつ盛ってあるのです。しかし、そこで、また悩みが発生。今度は、どちらを先に食べようか迷うのです。

ジャージャー麺やチャンポンなど、韓国の中華料理には、たくわん（단무지）と生の玉ねぎがついてきます。それにお酢をかけてジャージャー麺の特製味噌につけて食べます。韓国の中華料理屋には、ラーメンというメニューはありません。麺も日本のような中華めんとは違います。韓国では、インスタントラーメンを使った料理を出すラーメン屋があり、また、日本のラーメン屋もたくさんあるのでお試しください。

韓国では、カレーにも福神漬けではなく、たくわんがついてきます。キンパ（김밥）にもたくわんは必須アイテムで、韓国人とたくわん（단무지）は切っても切れない縁で結ばれています。

[韓国の祭日（한국의 공휴일）]

1/1　양력설（新正月）	1/1（旧暦）설날（旧正月）
3/1　삼일절（3・1独立運動の日）	4/8（（旧暦）석가탄신일（釈迦誕生日）
5/5　어린이날（こどもの日）	6/6　현충일（メモリアル・デー）
8/15　광복절（独立記念日）	8/15（旧暦）추석（秋夕：十五夜）
10/3　개천절（建国記念日）	10/9　한글날（ハングルの日）
12/25　성탄절（크리스마스：クリスマス）	

第25課　固有数詞を使った表現

【固有数詞】　←　数詞には、漢数詞と固有数詞がある

固有数詞は、漢数詞と違って、限られた数を数えるときに用います。日本語の「一つ、二つ…」に当たるもので、99まで数えられます。

🔊 148

日本語の「ハナから始まる」は、韓国語の 하나 から来ているとも言われる。　　여덟 と発音する

0	1	2	3	4	5	6	7	8	9
영	하나	둘	셋	넷	다섯	여섯	일곱	여덟	아홉
10	11	12	13	14	15	16	17	18	19
열	열하나	열둘	열셋	열넷	열다섯	열여섯	열일곱	열여덟	열아홉
20	30	40	50	60	70	80	90	99	100
스물	서른	마흔	쉰	예순	일흔	여든	아흔	아흔아홉	백

💡 固有数詞は、名詞や助数詞の前では、「一つ」は一文字になり、「二つ、三つ、四つ、20」は、パッチムが脱落し、簡略化されます。助数詞とは、「数えるときの単位」で「番目、回目、…」などをいいます。

🔊 149

	個 (개)	名 (명)	歳 (살)	時間 (시간)
1 (하나)	한 개	한 명	한 살	한 시간
2 (둘)	두 개	두 명	두 살	두 시간
3 (셋)	세 개	세 명	세 살	세 시간
4 (넷)	네 개	네 명	네 살	네 시간
5 (다섯) ⋮ 10 (열)	다섯 개 ⋮ 열 개	다섯 명 ⋮ 열 명	다섯 살 ⋮ 열 살	다섯 시간 ⋮ 열 시간
11 (열하나) ⋮	열한 개 ⋮	열한 명 ⋮	열한 살 ⋮	열한 시간 ⋮
20 (스물)	스무 개	스무 명	스무 살	스무 시간
21 (스물하나) ⋮	스물한 개 ⋮	스물한 명 ⋮	스물한 살 ⋮	스물한 시간 ⋮

① 何 + 名詞／助数詞ですか。
　몇 + 名詞／助数詞 입니까?

- 「몇（何／幾）」は、数を尋ねる疑問詞。応答も数字でします。

やってみよう！ 🔊150

絵を見て、次の固有数詞を使った文型を韓国語で答えましょう。

Q1：몇 분입니까?（何名様ですか。）
A1：＿＿＿＿＿＿＿＿（4名です。）

答：4(네) 명입니다.（4名です。）

- 「몇 분（何名様）」は、「몇（何）＋ 분（方）」と書きます。
- 「4名（(네) 명）」は、「4人（(네) 사람）」ともいいます。

Q2：가족이 몇 사람입니까?（家族は、何人ですか。）
A2：＿＿＿＿＿＿＿＿＿＿＿＿＿（私の家族は、5人です。）
　　＿＿＿＿＿＿＿＿＿＿＿＿＿（父、母、姉2人、私です。）

答：제 가족은 5(다섯)사람입니다.（私の家族は5人です。）
　　아버지, 어머니, 언니 둘, 저입니다.（父、母、姉2人、私です。）

한 마리（一匹）

- 「家族は、何人（몇 사람）ですか。」の代わりに「家族は、何名（몇 명）ですか。」を用いることもできます。＊「何人」→ 몇 인（×）
- 家族、兄弟、子供の数など、プライベートなことを聞くときは、「사람」や「명」を抜かし、「가족이 몇입니까?」と尋ねるのがより丁寧な言い回しになります。
- 女性がいう「姉」は「언니」、男性がいう「姉」は「누나」。(p.70、p.74 参考)

💡「何人家族ですか。」、「5人家族です。」、「2人の姉です。」の文型は、日本語では自然ですが、韓国語では、ぎこちなく感じます。しかし、「2人の姉（두 언니）が住んでいました。」のような形では、大いに用いられます。

111

Q3：형제가 몇입니까?（兄弟が、何（人）ですか。）
A4：＿＿＿＿＿＿＿＿＿＿（兄弟が（は）、3（人）です。）

答：형제가(는) 셋입니다.（兄弟が（は）、3（人）です。）

- 「몇 사람（何人）」の「사람（人）」を抜かし「몇」だけを用いるとより丁寧に聞こえます。答えるときも「사람（人）」を抜かしましょう。その場合は、固有数詞を簡略化する必要はありません。

ワンポイント 幼い子供がいそうな人には、「아이가 몇입니까?（子供が、何（人）ですか。）」、高校生くらいの子供がいそうな人には、「자녀가 몇입니까?（子供（子女）が、何（人）ですか。）」というように、その状況に合う言葉が必要です。

Q4：몇 째입니까?（何番目ですか。）
A4：＿＿＿＿＿＿＿＿＿＿（私は、二番目です。）

答：저는 둘째입니다.（私は、二番目です。）

- 「番目」が、生まれた順番をいうときは「째」。答えは、「첫째（一番目）」、「둘째（二番目）」、「셋째（三番目）」…のようになり、助数詞による固有数詞の簡略化は行われません。また、「一番目」は、「하나째」ではなく最初を表す「첫째」となります。

ワンポイント 日本で「長男です」、「長女です」といわれたとき、「一番目の子」と思っていたのが、そうでないことを知ったのはずっと後でした。韓国では、「長男」、「長女」イコール「一番目の子」のイメージがあります。そのため、韓国では生まれた順番をよく聞きます。ちなみに、「末子」は、「막내（発音 → 망내）」といいます。

助数詞

軒／채	台／대	着／벌	足／켤레	冊／권	枚／장(매)	箱／상자	匹／마리

Q5：몇 번째입니까? （何番目ですか。）

A5：_____ （私は、二番目です。）

答：저는 두 번째입니다. （私は、二番目です。）

❁ [番目] が、順番をいうときは「번째」。答えは、「첫 번째（一番目）、「두 번째（二番目）」、「세 번째（三番目）」…になりますが、五番目からは簡略化されません。

Q6：한국은 몇 번째입니까? （韓国は、何回目ですか。）

A6：_____ （韓国は、二回目です。）

答：한국은 두 번째입니다. （韓国は、二回目です。）

❁ [回目] のように回数をいうときも「번째」を使います。答えは、「첫 번째（一回目）、「두 번째（二回目）」、「세 번째（三回目）」…になりますが、五回目からは簡略化されません。

Q7：하루에 몇 번 식사합니까? （一日に何回食事しますか。）

A7：_____ （三回食事します。）

答：3(세)번 식사합니다. （3回食事します。）

❁ [回（度）] のように回数をいうときは「번」を使います。答えは、「한 번（一回）、「두 번（二回）」、「세 번（三回）」…になりますが、五回からは簡略化されません。

助数詞　❁ たばこ 1 箱 → 담배 한 갑　❁ たばこ 1 本 → 담배 한 개비

| 本/병 | 本/자루 | 本/개 | 本/편 | 本 房/송이 | 杯/잔 | 通 桶/통 | 束/다발 |

113

Q8：몇 개 만원입니까?（何個（いくつ）で、1万ウォンですか。）
A8：_____ （6個で、1万ウォンです。）

答：6(여섯) 개 만원입니다.（6個、1万ウォンです。）

- [個] のように個数をいうときは「개」を使います。答えは、「한 개（一個）」、「두 개（二個）」、「세 개（三個）」…になりますが、五個からは、簡略化されません。

まる暗記 151

客：여기 불고기 3(삼)인분 주세요.（ここ、プルゴギ3人前ください。）
　　그리고 맥주 2(두)병, 물 하나 주세요.
　　（それから、ビール2本、水一つください。）
店員：네 알겠습니다.（はい、かしこまりました。）
店員：불고기 삼 인분입니다. 맛있게 드세요.
　　（プルゴギ3人前です。どうぞ（美味しく召し上がってください）。）
客：잘 먹겠습니다.（いただきます。）

- 「삼 인분（3人分）」のときは、漢数詞でいいます。「세 사람분（3人分）」のときは、固有数詞でいいます。
- 「水ください」は、수（水）주세요（×）とはいいません。「수（水）」は、漢字語なので、一文字ではなく漢字熟語にして使います。

　例：음료수（飲料水（飲み物））、빙수（氷水（かき氷））、팥빙수（あずきのかき氷）

ワンポイント「本」という表現はしないので、数えるものによって「병（瓶）」、「개（個）」などを用います。または、「一つ」、「二つ」…のように助数詞を省略して言うこともあります。

　例）한 개 주세요（一個ください）＝ 하나 주세요（一つください）

まる暗記 152

영화 티켓 3(세)장 주세요.（映画チケット3枚ください。）

114

② | いくつですか。
| 몇 살입니까? 🔊153

| 21歳です。満20歳です。
| **스물한** 살입니다. 만 **스무** 살입니다.

- 「나이가 몇 살입니까?（年齢が、何歳（いくつ）ですか。）」が、一般的な表現ですが、中年の人に対してはより丁寧に「몇입니까?（おいくつですか。）」といいます。また、年配の人に対しては、「연세가 어떻게 되십니까?（お歳がおいくつになられますか。）」と慎重に聞かなければなりません。
（年配の方に名前や歳を聞くときは、言葉に細心の注意が必要です。）

> **ワンポイント** 韓国で年齢は、数え歳でいいます。すなわち、生まれたら1歳になり、年が変わると、皆が一斉に一つ歳をとります。歳の前に「만（満）」をつけると日本と同じ歳の数え方になります。

- 「歳」は、固有語では「살」、漢字語では「세（歳）」といいます。一般的には固有語「살」を用いるので数字は固有数詞でいいます。しかし、漢字語「세」を用いた場合は、数字は漢数字になります。「20(**스무**)살（20歳）」＝「20(**이십**)세（20歳）」

やってみよう！ 🔊154

絵を見て、次の文型を韓国語で答えましょう。

「36」

Q：올해 나이가 몇입니까?（今年、（歳が）おいくつですか。）
A：_____（今年、36です。）
　　　└ 添加

答：올해 서른여섯입니다.（発音 → 서른녀섯）

- ㄴ 添加・流音化による発音変化：16 → 열여섯、17 → 열일곱、18 → 열여덟
- 流音化：14 → 열넷

まる暗記 🔊155

（年を取ることを韓国も日本も「歳を食う」という）

나이가 얼마입니까?（歳がどのくらいですか。）

第26課 固有数詞と漢数詞を使って時刻を表す

> 今、何時ですか。
> **지금 몇 시입니까?**

🔊 156

時刻：「時」は固有数詞、「分」と「秒」は漢数詞でいいます

① ② ③ ④

① 2時30分：2시 30분 (두 시 삼십 분) ／ 2時半：2시 반 (두 시 반)
② 3時45分：3시 45분 (세 시 사십오 분) ／ 4時15分前：4시 15분 전 (네 시 십오 분 전)
③ 午前5時17分：오전 5시 17분 (다섯 시 십칠 분)
④ 午後12時8分：오후 12시 8분 (열두 시 팔 분)

やってみよう！ 🔊 157

次の日本語を韓国語にしましょう。
（知らない単語は辞書で探しましょう。p.227「辞書を引く順番」参考）

① 始発は、何時ですか。＿＿＿＿＿＿＿＿＿＿＿＿＿＿＿＿＿＿＿＿

② 終電は、何時ですか。＿＿＿＿＿＿＿＿＿＿＿＿＿＿＿＿＿＿＿＿

③ その映画はいつ始まりますか。＿＿＿＿＿＿＿＿＿＿＿＿＿＿＿＿

> 答：① 첫차는 몇 시입니까?　② 막차는 몇 시입니까?　③ 그 영화는 언제 시작합니까?

まる暗記 🔊 158

> *몇 시에 콘서트가 끝납니까? （何時にコンサートが終わりますか。）

💬 끝납니까? の発音は、끈납니까?

第7章	述語の現在形「합니다体」のフレーズ 118
第27課	動詞の現在形（합니다体）
第28課	形容詞の現在形（합니다体）
第29課	現在形の否定形（합니다体）
第30課	現在形の不可能や能力の有無を表す（합니다体）

第8章	動詞の進行形「합니다体」のフレーズ 137
第31課	～ています。～고 있습니다.
第32課	～ていました。～고 있었습니다.
第33課	～ているところではありません。～고 있지 않습니다.

第9章	述語の過去形「합니다体」のフレーズ 145
第34課	述語の過去形（常体）
第35課	述語の過去形（敬体）
第36課	過去形の否定形（합니다体）
第37課	過去形の不可能や能力の有無を表す（합니다体）

第10章	意志や推量を表す表現 158
第38課	「～겠습니다（합니다体）」の多様な表現
第39課	「～겠습니다」の疑問文
第40課	「～겠습니다」の否定文
第41課	「～겠습니다」の不可能文
第42課	打ち解けた表現「～겠어요（해요体）」

第3部
丁重な場で使える文型Ⅱ

第7章 述語の現在形「합니다体」のフレーズ

　第2部の第3章～第6章では、述語を「です」、「します」、「あります」と「数詞」に限定して韓国語の基本文型が身につくように工夫しました。ここからは、その基礎を土台に、述語（動詞や形容詞）の勉強に力を入れていきます。言葉は述語の活用によっていろいろな表現ができます。ここでは、その基本となる辞書形（辞書に載っている形）を提示し、文末が「～ます／～です」で終わる敬体（丁寧語）を自ら作っていくようにします。

　韓国語の敬体には、文末が「～니다（ます／です）」で終わる「합니다体」と、「～요（ます／です）」で終わる「해요体」の二つの種類があります。

　「합니다体」は、フォーマルな表現で、「해요体」は、カジュアルな表現です。ここでは、「합니다体」を紹介し、「해요体」は、第4部で紹介します。

第27課　動詞の現在形（합니다体）

★辞書形から丁寧語（現在形）を作る★　　합니다体

ルールは、次の三つ。　　キーワードは、語尾「다」の前のパッチム

① 語幹（다 の前の文字）にパッチムがない場合
　　語幹 ＋ ㅂ니다　　　　　　　가다（行く）→ 갑니다（行きます）

② 語幹（다 の前の文字）にパッチムがある場合
　　語幹 ＋ 습니다　　　　　　　먹다（食べる）→ 먹습니다（食べます）

③ 語幹（다 の前の文字）のパッチムがㄹの場合
　　パッチム ㄹ が脱落 ＋ ㅂ니다　살다（住む）→ 삽니다（住みます）

> 사다, 살다は、辞書形では違っても活用すると同じになります

チェック✓

　ㄹ パッチムの場合は、パッチムがないものと同様に活用されるため、丁寧語は同じ形になります。

　例：살다（住む）→ 삽니다（住みます）／사다（買う）→ 삽니다（買います）

　　도쿄에 삽니다.（東京に住みます（住んでいます）。）
　　옷을 삽니다.（服を買います。）

確認しよう！

*次の動詞を丁寧な言い方「～ます」に直しましょう。

動詞30（現在形：합니다体） 🎧159

NO	辞書形	意味	敬体	NO	辞書形	意味	敬体
①	가다	行く		⑯	시작하다	始まる	
②	가르치다	教える		⑰	쓰다	書く	
③	그리다	描く		⑱	씻다	洗う	
④	걷다	歩く		⑲	앉다	座る	
⑤	놀다	遊ぶ		⑳	알다	知る	
⑥	닫다	閉める		㉑	열다	開ける	
⑦	듣다	聴く		㉒	오다	来る	
⑧	마시다	飲む		㉓	울다	泣く	
⑨	만나다	会う		㉔	웃다	笑う	
⑩	먹다	食べる		㉕	읽다	読む	
⑪	배우다	習う		㉖	입다	着る	
⑫	보다	見る		㉗	자다	寝る	
⑬	살다	住む		㉘	찍다	撮る	
⑭	사다	買う		㉙	타다	乗る	
⑮	쉬다	休む		㉚	팔다	売る	

答：動詞30の丁寧語（現在形：합니다体）

NO	日本語	韓国語	NO	日本語	韓国語
①	行きます	갑니다	⑯	始まります	시작합니다
②	教えます	가르칩니다	⑰	書きます	씁니다
③	描きます	그립니다	⑱	洗います	씻습니다
④	歩きます	걷습니다	⑲	座ります	앉습니다
⑤	遊びます	놉니다	⑳	知っています	압니다
⑥	閉めます	닫습니다	㉑	開けます	엽니다
⑦	聴きます	듣습니다	㉒	来ます	옵니다
⑧	飲みます	마십니다	㉓	泣きます	웁니다
⑨	会います	만납니다	㉔	笑います	웃습니다
⑩	食べます	먹습니다	㉕	読みます	읽습니다
⑪	習います	배웁니다	㉖	着ます	입습니다
⑫	見ます	봅니다	㉗	寝ます	잡니다
⑬	住みます	삽니다	㉘	撮ります	찍습니다
⑭	買います	삽니다	㉙	乗ります	탑니다
⑮	休みます	쉽니다	㉚	売ります	팝니다

- ⑦ 듣다 は聞く・聴くの意味。＊注意：「道を聞く」→ 길（道）을 묻다（尋ねる）
- ⑯ 시작하다 は、他動詞として使われるときは「始める」の意味。発音は、パッチム ㄱ が次の ㅎ に連音化し、「시자카다」になります。（p.50 の激音化、参考）

[発音上の注意]

- ④ 걷다, ⑥ 닫다, ⑦ 듣다, ⑩ 먹다, ⑱ 씻다, ⑲ 앉다, ㉔ 웃다, ㉕ 읽다, ㉖ 입다, ㉘ 찍다 の語尾「다」は、パッチムの影響で、濃音「따」に発音されます。（p.51 の濃音化、参考）
- 述語の丁寧語は、「…ㅂ니다」、「…습니다」で終わります。このときのパッチム ㅂ は、次にくる子音 ㄴ の影響を受けて、ㅁ（m）の音に変わり、「…ㅁ니다」、「…습니다/씀니다」と発音します。（p.52、p.53 の鼻音化、参考）
  갑니다 → 감니다　먹습니다 → 먹씀니다
- 丁寧語を辞書形に戻し、丁寧語 ⇔ 辞書形が自由自在に作れるように練習しましょう。

＊指定詞と存在詞の丁寧語（합니다体）について

次の指定詞、存在詞を丁寧な言い方「〜です／〜ます」に直しましょう。

品詞	辞書形	意味	敬体
指定詞	다/이다	だ／である	
指定詞（否定形）	(가/이) 아니다	ではない	
存在詞	있다	ある／いる	
存在詞（否定形）	없다	ない／いない	

- 指定詞の辞書形は、다 と 이다 があります。
  다 はその前の文字にパッチムがない場合、이다 はその前の文字にパッチムがある場合に用います。　회사다（会社だ）／ 회사원이다（会社員だ）

答：指定詞、存在詞の丁寧語（現在形：합니다体）

品詞	日本語	韓国語
指定詞	です	입니다
指定詞（否定形）	ではありません	(가/이) 아닙니다
存在詞	あります／います	있습니다
存在詞（否定形）	ありません／いません	없습니다

- 丁寧語では、다 も 이다 も「입니다」になりますが、会話では、前の文字にパッチムがない場合はしばしば縮約されます。　회삽니다（会社です）／ 회사원입니다（会社員です）

ステップアップ✏️

① | なに年（干支）ですか。　　　　私は豚年です。　　　🔊160
　| 무슨 띠입니까?　　　　　　　　저는 돼지띠입니다.

> 日本の十二支では、「돼지띠（豚年）」は「猪年」といいますね。昔、十二支が日本に入ってきたとき、日本には豚を食べる習慣がなかったので、豚が存在せず猪になったそうです。日本の人に「豚年ですか。」と聞いたとき、「猪ですよ！」と顔をしかめられ、失敗したと思ったことがありました。このように嫌われものの豚ですが、韓国では、「豚年」の人は、財宝を持って生まれるので一生苦労しないと歓迎されます。そのため、豚年に子供を産みたいという人が多く、結婚相手としても人気です。初夢も龍の夢や豚の夢が縁起がよいとされます。ただ、人に「돼지같다（豚のようだ）」といったら、もう絶交ですね。

띠（干支）　　🔊161

ねずみ 쥐	牛 소	寅 범 (호랑이)	兎 토끼	龍 용	蛇 뱀
馬 말	羊 양	猿 원숭이	鶏 닭	犬 개	豚 돼지

> 「띠」は息を出さずに発音します。息を出すと「티」の発音になるので注意しましょう。
> 特に「蛇年」の人は「뱀띠」を「팬티」に発音しないように要注意です。発音を間違えると「저는 팬티입니다（私はパンツです）」となってしまいます。
> すぐ「저는 팬티 아닙니다!（私はパンツじゃありません！）」と言い直しましょう。

② | 動物園にトラがいますか。　　　　家に豚の貯金箱がありますか。　🔊162
　| 동물원에 호랑이가 있습니까?　　집에 돼지 저금통이 있습니까?

まる暗記 🔊163

*용 꿈 꾸세요.（龍の夢を見てください。）

　「一富士二鷹三茄子」のように縁起のいい夢をいいますが、初夢に限りません。

121

やってみよう！ 🎧164

1) 右の動詞を丁寧語（現在形）に変えて絵に合う文を書きましょう。

가다（行く）
그리다（描く）
듣다（聴く）
마시다（飲む）
만나다（会う）
먹다（食べる）
보다（見る）
읽다（読む）
타다（乗る）
하다（する）
치다（打つ）

①	会社に行きます。	회사에
②	家に帰ります。	집에
③	絵を描きます。	그림을
④	音楽を聴きます。	음악을
⑤	お酒を飲みます。	술을
⑥	友達に会います。	친구를
⑦	ご飯を食べます。	밥을
⑧	映画を見ます。	영화를
⑨	本を読みます。	책을
⑩	自転車に乗ります。	자전거를
⑪	地下鉄に乗ります。	지하철을
⑫	スキーをします。	스키를
⑬	話をします。	이야기를
⑭	仕事をします。	일을
⑮	テニスをします。	테니스를
⑯	ピアノを弾きます。	피아노를

答

①	갑니다.	⑤	마십니다.	⑨	읽습니다.	⑬	합니다.
②	갑니다.	⑥	만납니다.	⑩	탑니다.	⑭	합니다.
③	그립니다.	⑦	먹습니다.	⑪	탑니다.	⑮	칩니다.
④	듣습니다.	⑧	봅니다.	⑫	탑니다.	⑯	칩니다.

[作文上の注意]

- ②「집에 갑니다（家に行きます）」には、「家に帰ります」の意味が含まれますので、両方の意味で使える便利な表現です。

> 「집에 옵니다（家に来ます）」や「집에 돌아갑니다（家に帰って行きます）」、「집에 돌아옵니다（家に帰って来ます）」のいずれも「家に帰ります」の意味になります。

- ⑥「〜に会う」は、助詞「に」→「を」になり「〜を会う」になります。

> 「〜と会います」の場合は、助詞に変化はありません。「〜하고（と）만납니다」

- ⑩と⑪「〜に乗る」は、助詞「に」→「を」になり「〜を乗る」になります。
- ⑫「スキーをする」は「スキーを乗る」になります。
- ⑮テニス、ゴルフ、卓球などは「〜します」でも通じますが、「〜칩니다（打ちます）」が一般的です。野球など団体競技は「〜します」になります。
- ⑯ピアノ、ギターなどは「〜칩니다」で「弾きます」の意味になります。

> 「バイオリンを弾きます」は、「바이올린을 켭니다」となるので注意しましょう。

まる暗記　🔊 165

> ＊친정에 갑니다.（実家に行きます。）

- 「친정」は、結婚した女性がいう実家の意味です。大学生から「여름방학때 친정에 갑니다（夏休みに実家に帰ります）」といわれ、びっくりして「結婚したの？」と聞いたことがあります。韓国語では、性別や未婚か既婚かによって言葉が違うので、注意しましょう。

未婚の男女や既婚男性がいう「実家」は、고향집（故郷の家）、고향（故郷）、시골집（田舎の家）、시골（田舎）、부모님집（両親の家）、우리집（我が家）などです。
結婚した女性がいう「夫の実家」→ 시가(집)、시집、시댁
結婚した男性がいう「妻の実家」→ 처가(집)
子供がいう父の実家 → 친가　　子供がいう母の実家 → 외가

2) 下の単語を使って絵に合う文を丁寧語で書きましょう。　🔊166

| ① 行く
学校／病院 | ② 聴く
ラジオ／授業 | ③ 飲む
ビール／水 | ④ 食べる
りんご／薬 | ⑤ 見る
テレビ／漫画 | ⑥ 読む
小説／新聞 | ⑦ 乗る
タクシー／バス |

学校：학교　病院：병원　ラジオ：라디오　授業：수업　ビール：맥주　水：물
りんご：사과　薬：약　テレビ：텔레비전　漫画：만화　小説：소설　新聞：신문
タクシー：택시　バス：버스

❀「授業を受ける」は、「授業を聴く」といいます。
❀「薬」は、「食べる」といいます。
❀「小説、新聞」などは「見る」ともいいますが、ここでは「読む」を使いましょう。

① _____ / _____
② _____ / _____
③ _____ / _____
④ _____ / _____
⑤ _____ / _____
⑥ _____ / _____
⑦ _____ / _____

答：① 학교에 갑니다. / 병원에 갑니다.　② 라디오를 듣습니다. / 수업을 듣습니다.
　　③ 맥주를 마십니다. / 물을 마십니다.　④ 사과를 먹습니다. / 약을 먹습니다.
　　⑤ 텔레비전을 봅니다. / 만화를 봅니다.　⑥ 소설을 읽습니다. / 신문을 읽습니다.
　　⑦ 택시를 탑니다. / 버스를 탑니다.

🖐ワンポイント

日本語の「飲む」は、韓国語では「食べる」になることがよくあります。
たとえば、「薬」は「食べる」ものであり、「飲む」といわれると、「薬を飲み干すの？ 死ぬ気？」と止められます。ビールなど酒類は、「食べる」も「飲む」も使えますが、「食べる」はたしなむ程度、「飲む」は、たくさん飲むイメージがあり、暴飲・過飲したときによく使われます。飲料水の場合も、「飲む」は喉が渇いてがぶがぶ飲むイメージがあります。

124

3) 次の質問とそれに合う答えを線で結びましょう。

① 언제 외국에 갑니까?　　●　　　　●　A　내일 갑니다.

② 아침에 무엇을 먹습니까?　●　　　　●　B　남자친구하고 봅니다.

③ 택시는 어디서 탑니까?　●　　　　●　C　감기약을 먹습니다.

④ 누구하고 영화를 봅니까?　●　　　　●　D　빵을 먹습니다.

⑤ 무슨 약을 먹습니까?　　●　　　　●　E　호텔 앞에서 탑니다.

```
答：① いつ、外国（海外）に行きますか。      A 明日、行きます。
    ② 朝（に）何を食べますか。            D パンを食べます。
    ③ タクシーは、どこで乗りますか。        E ホテルの前で乗ります。
    ④ だれと映画を見ますか。              B 彼氏と見ます。
    ⑤ どんな薬を飲みますか。              C 風邪薬を飲みます。
```

4) 風船のように文をバトンタッチして増やしましょう。 🎧167

① (　　　)를 봅니다. → ① 映画

② (　　)는 (　　)를 봅니다. → ② 私は映画を

③ (　　)는 (　　)하고 (　　)를 봅니다. → ③ 私は友達と映画を

④ (　　)는 (　　)하고 (　　)에서 (　　)를 봅니다. → ④ 私は友達と映画館で映画を

⑤ (　　)는 (　　)하고 (　　)에서 (　　)에 (　　)를 봅니다. → ⑤ 私は友達と映画館で夜、映画を見ます。

```
答：① 영화를 봅니다.
    ② 저는 영화를 봅니다.
    ③ 저는 친구하고 영화를 봅니다.
    ④ 저는 친구하고 극장에서 영화를 봅니다.
    ⑤ 저는 친구하고 극장에서 밤에 영화를 봅니다.
```

- 韓国語では、映画館も劇場も「극장（劇場）」といいます。
- 「映画を見ます」は、「영화구경합니다（映画観覧をします）」ともいいます。

5) 次の文の動詞を辞書形に直し、Ａに書き入れましょう。

（辞書でＡの意味を調べ、Ｂに日本語の意味を丁寧語で書き入れましょう。）

	A	B
①	집에 갑니다. →	家に　　　　　　　　。
②	춤을 춥니다. →	踊りを　　　　　　　。
③	잠을 잡니다. →	睡眠を　　　　　　　。
④	노래를 부릅니다. →	歌を　　　　　　　　。
⑤	한국을 좋아합니다. →	韓国が　　　　　　　。

Ａの答え：① 가다　② 추다　③ 자다　④ 부르다　⑤ 좋아하다
Ｂの答え：① 家に帰ります（行きます）。　② 踊りを踊ります。　③ 睡眠を取ります（寝ます）。
　　　　　④ 歌を歌います。　⑤ 韓国が好きです。

❀ ②と③は、同じ意味の言葉が、名詞と動詞になっています。名詞は動詞を名詞形にして、文の形を整えています。述語だけで意味が通じるものもありますが、大体は文の形をとります。

춤/추다「踊り／踊る」　　　잠/자다「睡眠／寝る」　　꿈/꾸다「夢／夢を見る」
그림/그리다「絵／描く」　　신/신다「履物／履く」　　짐/지다「荷物／背負う」
받침/받치다「支え（台）／支える」　쌈/싸다「包み／包む」（쌈장：サンチュ味噌）
「昼寝をします」は、「낮잠을 잡니다」といいます。낮잠을 합니다✕
「寝坊をしました」→「늦잠을 잤습니다（過去形）」
「眠気がします（眠たいです）」→「잠이 옵니다」

❀ ④「노래를 부릅니다（歌います）」は、노래를 합니다（します）ともいいます。
노래를 부릅니다 のように、主体が「歌」のときは、「歌う」の意味になりますが、それ以外では、「呼ぶ」の意味で使われます。
여동생을 부릅니다. → 妹を呼びます。

❀ ⑤「좋아합니다」は、形容詞「좋다（好き）」に動詞「합니다（します）」が付いた他動詞「좋다 + 아/어 합니다 → 좋아합니다」で、助詞は「を」がつきます。「～を好んでいます、好みます」や「好きです」の意味で使われます。조아합니다 と発音

ワンポイント　「싫어합니다」は、形容詞「싫다（嫌い）」に動詞「합니다（します）」が付いた他動詞で「～を嫌がります」や「嫌いです」の意味。助詞は「を」がつきます。시러합니다 と発音。

私は、キムチが嫌いです。 → 저는 김치를 싫어합니다.

ステップアップ ✏️

私は、焼肉が好きです。　　　　　　　　　🎧168

저는 불고기를 좋아합니다.

〜が、好きです。〜를(을) 좋아합니다.

💡「〜が、好きです」→「〜を、好きです」になります。「〜가 좋아입니다×」

やってみよう！ ✏️　🎧169

[_____ 를(을) 좋아합니다.]

上の空欄に次の単語を使って、「_____が好きです。」の文を作りましょう。

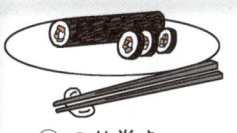

① 日本茶	② のり巻き	③ 映画みること	④ 韓国歌手
일본차	김밥	영화보기	한국가수

＊무엇을 좋아합니까?（何が好きですか）

① _____
② _____
③ _____

＊누구를 좋아합니까?（誰が好きですか）

④ _____

答：① 일본차를 좋아합니다.　② 김밥을 좋아합니다.　③ 영화보기를 좋아합니다.　④ 한국가수를 좋아합니다.

💡③のように対象になるものが、「動詞」で終わる場合は、「動詞（名詞形）＋が（を）好きです」になり、辞書形の語尾「〜다」を取って「〜기（〜こと／〜の）」を入れます。また、連体形を使って「영화보는 것을 좋아합니다.」ともいいます。

まる暗記 🎧170

＊저는 생맥주를 아주 좋아합니다. 하지만 소주는 싫어합니다.
（私は生ビールがとても好きです。けれども、焼酎は嫌いです。）

127

第28課　形容詞の現在形（합니다体）

形容詞も辞書形から丁寧語（現在形）を作る方法は、動詞と同じです。

確認しよう！ 🎧 171

＊次の形容詞を丁寧な言い方「〜です」に直しましょう。

形容詞30（現在形：합니다体）　＜動詞と同様に変化＞

NO	辞書形	意味	敬体	NO	辞書形	意味	敬体
①	크다	大きい		⑯	좋다	良い	
②	작다	小さい		⑰	싫다	嫌い	
③	길다	長い		⑱	나쁘다	悪い	
④	높다	高い		⑲	바쁘다	忙しい	
⑤	넓다	広い		⑳	아프다	痛い	
⑥	좁다	狭い		㉑	많다	多い	
⑦	곱다	麗しい		㉒	적다	少ない	
⑧	예쁘다	綺麗だ		㉓	멋있다	素敵だ	
⑨	귀엽다	可愛い		㉔	맛있다	うまい	
⑩	아름답다	美しい		㉕	재미있다	面白い	
⑪	깨끗하다	清い		㉖	무섭다	怖い	
⑫	따뜻하다	暖かい		㉗	짜다	塩辛い	
⑬	쉽다	易しい		㉘	맵다	辛い	
⑭	어렵다	難しい		㉙	덥다	暑い	
⑮	싸다	安い		㉚	춥다	寒い	

答：形容詞30の丁寧語（現在形：합니다体）

NO	日本語	韓国語		日本語	韓国語
①	大きいです	큽니다	⑯	良いです	좋습니다
②	小さいです	작습니다	⑰	嫌いです	싫습니다
③	長いです	깁니다	⑱	悪いです	나쁩니다
④	高いです	높습니다	⑲	忙しいです	바쁩니다
⑤	広いです	넓습니다	⑳	痛いです	아픕니다
⑥	狭いです	좁습니다	㉑	多いです	많습니다
⑦	麗しいです	곱습니다	㉒	少ないです	적습니다
⑧	綺麗です	예쁩니다	㉓	素敵です	멋있습니다
⑨	可愛いです	귀엽습니다	㉔	うまいです	맛있습니다
⑩	美しいです	아름답습니다	㉕	面白いです	재미있습니다
⑪	清いです	깨끗합니다	㉖	怖いです	무섭습니다
⑫	暖かいです	따뜻합니다	㉗	塩辛いです	짭니다
⑬	易しいです	쉽습니다	㉘	辛いです	맵니다
⑭	難しいです	어렵습니다	㉙	暑いです	덥니다
⑮	安いです	쌉니다	㉚	寒いです	춥니다

💡 注意：「（値段が）高い」→（가격이）비싸다

やってみよう！

1) 下の単語を使って絵に合う文を丁寧語で書きましょう。 🎧172

① 大きい	 ② 高い	 ③ 可愛い	 ④ うまい
크다	높다	귀엽다	맛있다

背丈：키　　カバン：가방　　ビルディング：빌딩　　富士山：후지산
赤ちゃん：아기　　子犬：강아지　　韓国料理：한국음식　　おかず：반찬

> 「背が高い」→「키가 크다（背が大きい）」、「背が低い」→「키가 작다（小さい）」と表現します。「のっぽ」は、「高い」の韓国語「노ㅍ파 높아」が由来とも言われています。

① _____ / _____
② _____ / _____
③ _____ / _____
④ _____ / _____

```
答：① 키가/가방이 큽니다.（背丈／カバンが大きいです。）
    ② 빌딩이/후지산이 높습니다.（ビルディング／富士山が高いです。）
    ③ 아기가/강아지가 귀엽습니다.（赤ちゃん／子犬が可愛いです。）
    ④ 한국음식이/반찬이 맛있습니다.（韓国料理／おかずが美味しいです。）
```

2) 次の疑問詞や単語、述語を組み合わせ、疑問文を丁寧語で作りましょう。 🎧173

疑問詞：	누가(誰が)	어디(どこ)	왜(なぜ)	어느(どの)
	키가(身長(背)が)	가게가(店が)	제일(一番)	단풍이(紅葉が)
	아름답다(美しい)	크다(大きい)	싸다(安い)	바쁘다(忙しい)

① _____
② _____
③ _____
④ _____

```
答：① 누가 키가 큽니까?（誰が身長が高いですか。）
    ② 어디 단풍이 제일 아름답습니까?（どこの紅葉が一番美しいですか。）
    ③ 왜 바쁩니까?（なぜ、忙しいですか。）
    ④ 어느 가게가 쌉니까?（どの店が安いですか。）
```
　　　　　　　　　　　　　　　　　　　　　　　紅葉狩り：단풍놀이、단풍구경

129

ステップアップ

私は、焼肉がいいです。
저는 불고기가 좋습니다.
〜が、いいです。〜가(이) 좋습니다.

- 「좋습니다」は、形容詞で、助詞は「が」がつきます。この「좋다」は、主に「良い」の意味で使われますが、「楽しい」、「美しい」、「好き」などの意味もあります。
- 좋습니다 は、조씀니다 と発音します（ㅎ パッチムの次に平音がくると、平音が強く発音されます）。

「싫습니다（嫌いです）」も形容詞で、助詞は「が」がつきます。실씀니다 と発音します。

私は、冬が嫌いです。→ 저는 겨울이 싫습니다.

やってみよう！

次の質問とそれに合う答えを線で結びましょう。

① 한국여행 언제가 좋습니까? ・　　・ A 일본음식이 좋습니다.
② 회의는 몇 시가 좋습니까? ・　　・ B 오전 10(열)시가 좋습니다.
③ 어떤 음식이 좋습니까? ・　　・ C 가을이 좋습니다.
④ 여행은 가을이 왜 좋습니까? ・　　・ D 경치가 아주 좋습니다.

答：① 韓国旅行、いつがいいですか。　　C 秋がいいです。
　　② 会議は何時がいいですか。　　　　B 午前10時がいいです。
　　③ どんな料理がいいですか。　　　　A 日本料理がいいです。
　　④ 旅行は秋がどうしていいですか。　D 景色がとてもいいです。

まる暗記

*장미꽃은 향기가 참 좋습니다. 하지만 가시가 정말 싫습니다.
（バラの花は、香りが実にいいです。だけど、とげが本当に嫌です。）

- 感嘆を表す言葉
実に（참）、本当に（정말）、とても（아주）、すごく（너무）、もっとも（가장）、一番（제일）

ひと休み！

★ヘルシーなチヂミのレシピを紹介しましょう★

깻잎전（えごまの葉、チヂミ）

（재료：3인분、材料：3 人前）

깻잎（えごまの葉）15장（枚）、파（ねぎ）1/6개（本）、양파（玉ねぎ）1/6개（個）、당근（人参）1/6개（本）、부추（にら）1/4다발（束）、밀가루（小麦粉）**150g**、달걀（卵）1개（個）、소금（塩）1ts（小匙）、물（水）100cc、식용유（食用油）

（양념장 재료：식초, 간장, 고추가루, 깨소금, 참기름）

（タレの材料：食酢、しょう油、唐辛子の粉、擦りごま、ごま油）

만드는 법（作り方）

① 깻잎, 파, 양파, 당근을 채 썹니다.

（えごまの葉、ねぎ、玉ねぎ、人参を千切りにします。）

② 부추를 2cm로 썹니다.

（にらを 2cm に切ります。）

③ 그릇에 밀가루, ①, ②, 달걀, 소금, 물을 넣어 섞습니다.

（器に小麦粉、①、②、卵、塩、水を入れて混ぜます。）

④ 후라이팬에 식용유를 넣고 ③을 굽습니다.

（フライパンに食用油を入れ③を焼きます。）

⑤ 접시에 담고 양념장을 곁들입니다.

（皿に盛り、タレを添えます。）

次にレシピに使われた動詞の辞書形を提示しました。辞書で意味を調べてみましょう。

썹니다 → 썰다（　　　）　　넣어/넣고 → 넣다（　　　）　　섞습니다 → 섞다（　　　）

굽습니다 → 굽다（　　　）　　곁들입니다 → 곁들이다（　　　）

第29課 | 現在形の否定形（합니다体）

| ～しません
| 안 합니다 / 하지 않습니다

述語によっては、どちらか一方のみを使う場合もあります。

★動詞・形容詞の否定形は、二通りあります。
- 前置否定形：안 ＋ 動詞・形容詞
- 後置否定形：動詞・形容詞の語幹 ＋ 지 않다 （～（し）ない／～くない）
   動詞・形容詞の語幹 ＋ 지 않습니다 （～（し）ません／～くありません）

（前置否定形は、述語の前に「안」を加えるだけであり、後置否定形は、辞書形の語尾「～다」の代わりに「～지 않다」や「～지 않습니다」を付けます。）

- 「안 합니다」は、「아남니다」と発音します。
- 「～지 않습니다」は、「～지 안씀니다」と発音します。

1. 前置否定形

	前置否定形（辞書形）	前置否定形（丁寧語）	日本語
춤을	안 추다	춤을 안 춥니다.	踊りを踊りません。
노래를	안 부르다	노래를 안 부릅니다.	歌を歌いません。
피아노를	안 치다	피아노를 안 칩니다.	ピアノを弾きません。
회사에	안 가다	회사에 안 갑니다.	会社に行きません。
회사에서	회의 안 하다	회사에서 회의 안 합니다.	会社で会議をしません。
키가	안 크다	키가 안 큽니다.	背が高くありません。

- 動詞「名詞＋します（합니다）」の場合は、「名詞＋안＋합니다」となります。
  안 회의합니다（×） p.81 参考

- 「안」を述語の前に持ってくる前置否定形は、「意志」を表すことが多いため動詞にはよく使われますが、形容詞の場合は言葉に制約があります。
  例：아름답다（美しい）→ 아름답지 않다（美しくない）　안 아름답다（×）

2. 後置否定形

	辞書形	後置否定形（辞書形）	後置否定形（丁寧語）
춤을	추다	추지 않다	춤을 추지 않습니다.
노래를	부르다	부르지 않다	노래를 부르지 않습니다.
피아노를	치다	치지 않다	피아노를 치지 않습니다.
회사에	가다	가지 않다	회사에 가지 않습니다.
회사에서	회의하다	회의하지 않다	회사에서 회의하지 않습니다.
키가	크다	크지 않다	키가 크지 않습니다.

次の動詞や形容詞は違うパターンの否定形が使われています。

①「名詞 + 있다」が「名詞 + 없다」になるパターン

- 맛있다（美味しい） → 맛없다（まずい）
- 멋있다（素敵だ） → 멋없다（やぼだ）
- 재미있다（面白い） → 재미없다（面白くない）
- 관심있다（関心ある）→ 관심없다（関心ない）

②言葉自体が変わるパターン

- 친절하다（親切だ） → 불친절하다（不親切だ）
  （안 친절하다 や 친절하지 않다（親切ではない）ともいいます。）

- 필요하다（必要だ） → 필요없다（不要だ）
  （안 필요하다 や 필요하지 않다（必要ない）、불필요하다（不必要だ）ともいいます。）

- 알다（わかる／知る）→ 모르다（わからない／知らない）
  （알지 못하다（知る由もない）ともいいますが、안 알다 や 알지 않다 とはいいません。）
  （모르지 않다（知らないこともない）ともいいますが、안 모르다 とはいいません。）

- 맞다（正しい／合う）→ 틀리다（違う／合わない）
  （안 맞다 や 맞지 않다（正しくない／合わない）ともいいます。）

まる暗記 🎧 177

*이 사람을 압니까?（この人を知っていますか。）
*아뇨, 잘 모릅니다.（いいえ、よく知りません。）

やってみよう！ 🎧178

次の絵に合うように韓国語（丁寧語）で書きましょう。

①、② → [_____？ 아뇨, 안 _____.]

③、④ → [_____？ 아뇨, _____~지 않습니다.]

提示された否定形を使って、「＿＿～ますか。」／「＿＿～ません。」で答えましょう。

① 天気 날씨 良い 좋다	② 今日 오늘 忙しい 바쁘다	③ 天気 날씨 寒い 춥다	④ 雨 비 来る（降る）오다

① _____ / _____
② _____ / _____
③ _____ / _____
④ _____ / _____

答：① 날씨가 좋습니까? / 아뇨, 안 좋습니다.　② 오늘 바쁩니까? / 아뇨, 안 바쁩니다.
　　③ 날씨가 춥습니까? / 아뇨, 춥지 않습니다.　④ 비가 옵니까? / 아뇨, 오지 않습니다.

- 人と会ったとき、あいさつの代わりに「寒いですね（춥습니다）」といいますが、韓国語では「天気が寒いですね（날씨가 춥습니다）」や「今日は寒いですね（오늘은 춥습니다）」のように文の形で話すのが一般的です。
- 「雨が降る（비가 내리다）」は文語的で、口語では「雨が来る（비가 오다）」といいます。

まる暗記 🎧179

＊잠이 오지 않습니다.（眠れないです。／眠気がしません。）
＊저도 잠이 안 옵니다.（私も眠れないです。／眠気がしません。）

- 「잠이 안 옵니다」は、直訳すると「睡眠が来ないです」となります。このように「오다」は幅広い意味で使われます。「眠気がします」は、「잠이 옵니다」といいます。

第30課　現在形の不可能や能力の有無を表す（합니다体）

～できません
못 합니다 / ～하지 못합니다

🔊 180

★動詞の不可能形は、二通りあります。

- 前置不可能形：못 ＋ 動詞　　　（안 の代わりに 못 を付けます）
- 後置不可能形：動詞の語幹 ＋ 지 못하다（～できない）
  　　　　　　　動詞の語幹 ＋ 지 못합니다（～できません）　（모탐니다 と発音）

- 「못」は、不可能や能力の不足などを表します。<u>前置不可能形の場合は、「못」と次の動詞の間にスペースを開けて書きます。</u>しかし、中には「못」がくっついてできた言葉「못하다(못합니다)」があります（p.86 参考）。この「못하다(못합니다)」は、能力の有無を表します。他にも一つの言葉になっているものとして 못나다, 못생기다, 못되다 などがあります（いずれも「出来の悪い」の意味で使われます）。
- 後置不可能形の場合は、「～지 못합니다」のように「못합니다」をくっつけて書きます。

💡 形容詞は、不可能や能力の有無の表現はしませんが、「～ 지 못합니다」の形を例外的に使うことはあります。例：건강이 좋지 못합니다．（健康がすぐれないです。）

日本語	前置不可能形（丁寧語）	後置不可能形（丁寧語）
歌が歌えません。	노래를 못 부릅니다.	노래를 부르지 못합니다.
ピアノが弾けません。	피아노를 못 칩니다.	피아노를 치지 못합니다.
会社に行けません。	회사에 못 갑니다.	회사에 가지 못합니다.
会社で会議ができません。	회사에서 회의 못 합니다.	회사에서 회의하지 못합니다.

- 動詞「名詞 ＋ します（합니다）」の場合は、「名詞 ＋ 못 ＋ 합니다」となります。
  못 회의합니다（×）
- 不可能を示す文型の助詞は、「～ができません」→「～をできません」となります。
  会議ができません。→ 회의를 못 합니다. / 회의를 하지 못합니다.

💡 「못」と「안」について

歌が歌えません。노래를 못 부릅니다. / 노래를 부르지 못합니다.
歌を歌いません。노래를 안 부릅니다. / 노래를 부르지 않습니다.

135

やってみよう！ 🎙181

[_____？ _____ 못 _____ .]

上の文型を使って、「＿＿＿～できますか。」と聞いて、「＿＿＿～できません。」で答えましょう。

① 故郷 고향 行く 가다	② 家 집 買う 사다	③ 酒 술 飲む 마시다	④ もも 복숭아 食べる 먹다

① _____ / _____

② _____ / _____

③ _____ / _____

④ _____ / _____

答：① 고향에 갑니까? / 고향에 못 갑니다.　② 집을 삽니까? / 집을 못 삽니다.
　　③ 술을 마십니까? / 술을 못 마십니다.　④ 복숭아를 먹습니까? / 복숭아를 못 먹습니다.

- 「못 마십니다」は、「몬 마심니다」と発音します。
- 「못 먹습니다」は、「몬 먹씀니다」と発音します。
- 술을 못 마십니다(못합니다) → お酒が飲めません
- 술을 잘 못 마십니다(잘 못합니다) → お酒がそんなに飲めません

- 上の答えは前置不可能形ですが、後置不可能形で答えると次のようになります。

① 고향에 못 갑니다　　→ 고향에 가지 못합니다
② 집을 못 삽니다　　　→ 집을 사지 못합니다
③ 술을 못 마십니다　　→ 술을 마시지 못합니다
④ 복숭아를 못 먹습니다 → 복숭아를 먹지 못합니다

まる暗記 🎙182

＊자전거는 못 탑니다.（自転車は乗れません。）

第8章　動詞の進行形「합니다体」のフレーズ

　日本語の「～(し)ています」は、韓国語では、表し方がさまざまです。主に動作の進行を表す「～고 있습니다」と動作完了状態の持続を表す「～아/어 있습니다」があります。これはその動詞が持つ意味によって、両方の表現ができる動詞と、どちらか一方しか表せないものがあります。
　ここでは、動作の進行を表す「～고 있습니다（～ています）」を紹介し、動作完了状態の持続を表す「～아/어 있습니다（～ています）」は、第4部の第12章で紹介します。

チェック✓

日常的、反復、習慣、結果などを表す場合は、現在形や過去形を用います。
　例：日常的：「사랑합니다（愛しています）」→ 現在形で表す。
　　　反復：「매일 약을 먹습니다（毎日薬を飲んでいます）」→ 現在形で表す。
　　　習慣：「항상 안경을 씁니다（いつも眼鏡をかけています）」→ 現在形で表す。
　　　結果：「결혼했습니다（結婚しています）」→ 過去形で表す。
　　　結果：「어머니를 닮았습니다（母に似ています）」→ 過去形で表す。
　　　結果：「그 사람은 안경을 썼습니다（その人は眼鏡をかけています）」→ 過去形で表す。

第31課　～ています。～고 있습니다.

> ご飯を食べています。（ご飯を食べている最中です。）
> 밥을 먹고 있습니다.

🎧183

- 「밥을 먹고 있습니다」は動作の進行を表すので、「밥을 먹어 있습니다」のようには言わないので注意しましょう。
- 「～고 있습니다」の形をとる動詞は他動詞が多く、一部の自動詞や受動詞が含まれます。

★辞書形から「～고 있다（～ている）」を作る★

辞書形の語尾「～다」をとって「～고 있다」を付けます。
（敬体は「～고 있다」→「～고 있습니다（～ています）」）

確認しよう！ 🎧 184

*次の動詞を進行形「～고 있습니다」の形に書きましょう。

NO	辞書形	意味	丁寧語	NO	辞書形	意味	丁寧語
①	가다	行く		⑬	쉬다	休む	
②	가지다	持つ		⑭	쓰다	書く	
③	걷다	歩く		⑮	안다	抱く	
④	걸다	かける		⑯	알다	知る	
⑤	기다리다	待つ		⑰	열다	開ける	
⑥	놀다	遊ぶ		⑱	오다	来る	
⑦	닫다	閉める		⑲	웃다	笑う	
⑧	듣다	聴く		⑳	읽다	読む	
⑨	만나다	会う		㉑	자다	寝る	
⑩	먹다	食べる		㉒	타다	乗る	
⑪	보다	見る		㉓	피다	咲く	
⑫	살다	住む		㉔	하다	する	

❀ 「カバンを持っている（가방을 가지고 있다）」に似ている「가방을 들고 있다」があります。「들다」は、「手に持っている」の意味です。

答

NO	日本語	韓国語	NO	日本語	韓国語
①	行く途中です	가고 있습니다	⑬	休んでいます	쉬고 있습니다
②	持っています	가지고 있습니다	⑭	書いています	쓰고 있습니다
③	歩いています	걷고 있습니다	⑮	抱いています	안고 있습니다
④	かけています	걸고 있습니다	⑯	知っています	알고 있습니다
⑤	待っています	기다리고 있습니다	⑰	開けています	열고 있습니다
⑥	遊んでいます	놀고 있습니다	⑱	来る途中です	오고 있습니다
⑦	閉めています	닫고 있습니다	⑲	笑っています	웃고 있습니다
⑧	聴いています	듣고 있습니다	⑳	読んでいます	읽고 있습니다
⑨	会っています	만나고 있습니다	㉑	寝ています	자고 있습니다
⑩	食べています	먹고 있습니다	㉒	乗っています	타고 있습니다
⑪	見ています	보고 있습니다	㉓	咲きつつあります	피고 있습니다
⑫	住んでいます	살고 있습니다	㉔	しています	하고 있습니다

[発音上の注意]

- ③, ⑦, ⑧, ⑩, ⑮, ⑲は、パッチムの影響を受けて、「고」が濃音「꼬」に発音されます。
（p.51 の濃音化、参考）
- ⑳「읽고」は、パッチムの発音が入れ替わり「일꼬」と発音されます。
- ①, ⑱, ㉓は、動作完了の状態を表す「〜아/어 있습니다（〜ています）」の形も用いられます（p.191 参考）。「〜고 있습니다（〜ています）」の形は、動作が進行している状況を伝える場合に使われます。
- ⑫「살다」は、「生きる」の意味があるので、「〜아/어 있습니다（〜ています）」の形を用いて「살아 있습니다」というと、「生きています」の意味になります。

やってみよう！ 🎧 185

1) 次の絵を見て進行形（丁寧語）の文を作りましょう。

| ① 韓国 한국
留学する
유학하다 | ② 銀行 은행
勤める 다니다 |  ③ お金 돈
稼ぐ 벌다 |  ④ 遊園地 유원지
子供 어린이
遊ぶ 놀다 |  ⑤ 母 어머니
赤ちゃん 아기
抱く 안다 |

① _____
② _____
③ _____
④ _____
⑤ _____

答：① 한국에서 유학하고 있습니다.　② 은행에 다니고 있습니다.　③ 돈을 벌고 있습니다.
　　④ 유원지에서 어린이가 놀고 있습니다.　⑤ 어머니가 아기를 안고 있습니다.

まる暗記 🎧 186

＊저는 그 사실을 알고 있습니다. （私はその事実を知っています。）
＊저는 모르고 있습니다. （私は知らないでいます。）

139

2) 次の 絵を見て、質問に合う答えに○をしましょう。　　　🎧187

> 今、何をしていますか。
> # 지금 무엇을 하고 있습니까?

① 직장에서 근무하고 있습니까?　　　네　　아뇨
　（職場で勤務していますか。）

② 공원에서 전화를 걸고 있습니까?　　네　　아뇨　　　전화하고 있습니다.
　（公園で電話をかけていますか。）　　　　　　　　　（電話しています）ともいいます

③ 공항에서 차를 기다리고 있습니까?　네　　아뇨
　（空港で車を待っていますか。）

④ 학교에서 선배를 만나고 있습니까?　네　　아뇨
　（学校で先輩に会っていますか。）

⑤ 고속도로를 달리고 있습니까?　　　네　　아뇨
　（高速道路を走っていますか。）

答：① 네　② 아뇨　③ 아뇨　④ 아뇨　⑤ 네

まる暗記　🎧188

＊어디에 살고 있습니까?（どこに住んでいますか。）

　🔸 答は、「도쿄에 살고 있습니다.（東京に住んでいます。）」になりますが、「도쿄에 삽니다」のように現在形を使う場合が多いです。

第32課 〜ていました。〜고 있었습니다.

ご飯を食べていました。
밥을 먹고 있었습니다.

🔊 189

- 過去の動作の進行を表すときは、「있습니다」を過去形「있었습니다」にします。

やってみよう！ 🔊 190

昨日、何をしていましたか。
어제 무엇을 하고 있었습니까?

[_____고 있었습니다.]

上の質問に対して、絵を見て「＿＿＿ていました。」の文を作りましょう。

| ① 職場 직장
仕事する 일하다 | ② 空港 공항
車 차
待つ 기다리다 | ③ 遊園地 유원지
遊ぶ 놀다 | ④ 学校 학교
先輩 선배
会う 만나다 | ⑤ 家 집
休む 쉬다 |

① _____
② _____
③ _____
④ _____
⑤ _____

答：① 직장에서 일하고 있었습니다.　② 공항에서 차를 기다리고 있었습니다.　③ 유원지에서 놀고 있었습니다.
　　④ 학교에서 선배를 만나고 있었습니다.　⑤ 집에서 쉬고 있었습니다.

まる暗記 🔊 191

* 1(일)년 전까지 서울에 살고 있었습니다.
（1年前までソウルに住んでいました。）

第33課 ～ているところではありません。～고 있지 않습니다.

| ご飯を食べているところではありません。
| 밥을 먹고 있지 않습니다. 　　　　　　🔊192

- 上記では、後置否定形を紹介していますが、述語の前に「안」を加える前置否定形も同様に用いられます。

　밥을 먹고 있지 않습니다. = 밥을 안 먹고 있습니다.

- 現在進行形「밥을 먹고 있습니다」の否定形は、「밥을 먹고 없습니다」にはならないので、注意しましょう。

- これに似ている表現で「～ないでいます（～지 않고 있습니다.）」があります。

　「밥을 먹지 않고 있습니다」→（ご飯を食べないでいます。）
　いずれも進行形の否定形でありますが、次のような違いがあります。
　「밥을 먹고 있지 않습니다」：食べる動作が進行していないことを意味
　「밥을 먹지 않고 있습니다」：食べない動作が進行していることを意味

確認しよう！✏

次の現在進行形を否定形に書きましょう。

	敬体	前置否定形	後置否定形
가다（行く）	가고 있습니다		
놀다（遊ぶ）	놀고 있습니다		
쉬다（休む）	쉬고 있습니다		
웃다（笑う）	웃고 있습니다		
자다（寝る）	자고 있습니다		

答

	敬体	前置否定形	後置否定形
가다（行く）	가고 있습니다	안 가고 있습니다	가고 있지 않습니다
놀다（遊ぶ）	놀고 있습니다	안 놀고 있습니다	놀고 있지 않습니다
쉬다（休む）	쉬고 있습니다	안 쉬고 있습니다	쉬고 있지 않습니다
웃다（笑う）	웃고 있습니다	안 웃고 있습니다	웃고 있지 않습니다
자다（寝る）	자고 있습니다	안 자고 있습니다	자고 있지 않습니다

やってみよう！ 🎧193

1) 次の日本語を韓国語に書きましょう。

① 赤ちゃんが、まだ寝ていません。（前置否定形）

_____

② 今、休んでいるところではありません。（後置否定形）

_____

③ 遊んでいるところではありません。（後置否定形）

_____

答：① 아기가 아직 안 자고 있습니다. ② 지금 쉬고 있지 않습니다. ③ 놀고 있지 않습니다.

2) 息子の行動に母は困っています。次の絵を見て「〜ないでいます。(〜지 않고 있습니다.)」の文を韓国語で書きましょう。

① 공부를 _____

② 학교에 _____

③ 목욕을 _____

④ 잠을 _____

答：① 공부를 하지 않고 있습니다.（勉強をしないでいます。）
　　② 학교에 가지 않고 있습니다.（学校に行かないでいます。）
　　③ 목욕을 하지 않고 있습니다.（風呂に入らないでいます。）
　　④ 잠을 자지 않고 있습니다.（寝ないでいます。）

여기서 뭐 하고 있습니까?
（ここで、何をしていますか。）

まる暗記 194

＊아무 것도 안 하고 있습니다.（何もしていません。）

第9章 述語の過去形「합니다体」のフレーズ

　7章、8章では、「합니다体」の現在形や進行形の敬体の勉強をしましたが、ここでは、過去形の敬体を紹介します。過去形は、いままでに比べて、活用形が複雑なので、まずは、過去形の【常体】を作り、それから【敬体（丁寧語）】にしていくようにしましょう。

【常体】→文末が「〜だ／である」で終わる文体。過去形は、「〜だった／であった」で終わる。

第34課　述語の過去形（常体）

★辞書形から過去形（常体）を作る★

ルールは、次の四つ。キーワードは、語尾「다」の前の母音の種類

陽母音：아, 오　　陰母音：아, 오 以外の母音

① 語幹（다 の前の文字）が陽母音である場合

　　語幹 ＋ 았다　　　　　　　　　　　　가다（行く）→ 갔다（行った）

② 語幹（다 の前の文字）が陰母音である場合

　　語幹 ＋ 었다　　　　　　　　　　　　먹다（食べる）→ 먹었다（食べた）

③ 語幹（다 の前の文字）が、「하（〜하다）」で終わる場合

　　語幹 하 ＋ 였다 ＝ 했다　　　　　　식사하다（食事する）→ 식사했다（食事した）

④ 語幹（다 の前の文字）が、「으」母音の場合

　　母音「ー」が脱落 ＋ 았다 or 었다　　쓰다（書く）→ 썼다（書いた）

> 常体

チェック✓

過去形（常体）を作るとき、다 の前の母音の種類によって 았다 や 었다 をつけるのは、母音を同じ系列（陽母音、または陰母音）に揃えて縮約した形にしたいからです。
ただし、다 の前の母音が複合母音の場合は、次に来る 았다 や 었다 は縮約されません。
同様に、다 の前にパッチムがある場合も縮約されません。

ワンポイント

다 の前のパッチム ㄷ、ㅂ、ㅅ、ㅎ の中には、変則（不規則）的にパッチムの形が変わったり、脱落するものがあります。（＊変則動詞・形容詞か否かは、辞書に、ㄷ変／ㄷ不、ㅂ変／ㅂ不、ㅅ変／ㅅ不、ㅎ変／ㅎ不、などと書いてあるかどうかで確認します。）

① 語幹が陽母音で終わっている場合 ＋ 았다

パッチムがない場合

가다（行く）→ 가았다（×）→ 갔다（○）　　오다（来る）→ 오았다（×）→ 왔다（○）

パッチムがある場合

팔다（売る）→ 팔았다　　높다（高い）→ 높았다

② 語幹が陰母音で終わっている場合 ＋ 었다

パッチムがない場合

서다（立つ）　 → 서었다（×）　→ 섰다（○）
주다（やる）　 → 주었다（○）　→ 줬다（○）
보내다（送る）→ 보내었다（×）→ 보냈다（○）
마시다（飲む）→ 마시었다（×）→ 마셨다（○）
켜다（点ける）→ 켜었다（×）　→ 켰다（○）

パッチムがある場合

먹다（食べる）→ 먹었다　　길다（長い）→ 길었다

③ 「〜하다」で終わっている場合　＋ 였다 ＝ 했다

하다（する）→ 하였다（○）→ 했다（○）　＊日常的な会話では、했다 を用いる
좋아하다（好きだ）→ 좋아했다（○）

④ 「으」語幹で終わっている場合　ー（脱落）＋ 았다 or 었다

（母音「ー」は、子音だけの音を表すために便宜上つけているものなので、「ー」の後に母音が来れば、「ー」は、脱落します。）

으 の前の文字の母音が陽母音の場合：ー（脱落）＋ 았다

아프다（痛い）→ 아프았다（×）→ 아팠다（○）
따르다（従う）→ 따르았다（×）→ 따랐다（○）

語幹の文字が 으 母音だけである場合：ー（脱落）＋ 었다

크다（大きい）→ 크었다（×）→ 컸다（○）
뜨다（浮かぶ）→ 뜨었다（×）→ 떴다（○）

으 の前の文字の母音が陰母音の場合：ー（脱落）＋ 었다

기쁘다（嬉しい）　→ 기쁘었다（×）→ 기뻤다（○）
들르다（立ち寄る）→ 들르었다（×）→ 들렀다（○）

ワンポイント 다 の前に「르」が来る場合、르 の前の文字に ㄹ パッチムをつけるものがあります（르変則）。
르 変則か否かは、辞書に 르変/르불 と書いてあるかどうかで確認します。

모르다（知らない）→ 모르았다（×）→ 모랐다（×）→ 몰랐다

이르다（言う、早い）→ 이르었다（×）→ 이렀다（×）→ 일렀다

ワンポイント 다 の前に「르」が来る場合、르 の後に 렀다 をつけるものがあります（러変則 → 3例だけ）。
러変則か否かは、辞書に 러変/러불 と書いてあるかどうかで確認します。

動詞：이르다（至る）→ 이르렀다

形容詞：푸르다（青い）→ 푸르렀다　　누르다（黄色い）→ 누르렀다

【パッチムによる変則（不規則）】

パッチム		
パッチム ㄷ	＋ 았다 or 었다	닫다（閉める）→ 닫았다 묻다（埋める、付く）→ 묻었다 믿다（信じる）→ 믿었다
	ㄷ変/ㄷ불 ㄷ → ㄹ ＋ 았다 or 었다	깨닫다（悟る）→ 깨달았다 묻다（尋ねる）→ 물었다 듣다（聴く）→ 들었다
パッチム ㅂ	＋ 았다 or 었다	좁다（狭い）→ 좁았다 입다（着る）→ 입었다
	ㅂ変/ㅂ불 ㅂ（脱落）＋ 웠다 （ㅂ が 우 に変わり 우 ＋ 었다 → 웠다）	고맙다（ありがたい）→ 고마웠다 맵다（辛い）→ 매웠다 例外） 돕다（手伝う、助ける）→ 도왔다 곱다（うるわしい、美しい）→ 고왔다
パッチム ㅅ	＋ 았다 or 었다	빼앗다（奪う）→ 빼앗았다 웃다（笑う）→ 웃었다
	ㅅ変/ㅅ불 ㅅ（脱落）＋ 았다 or 었다	낫다（治る）→ 나았다 젓다（かき混ぜる）→ 저었다 짓다（作る、建てる）→ 지었다
パッチム ㅎ	＋ 았다 or 었다	좋다（良い）→ 좋았다 넣다（入れる）→ 넣었다
	ㅎ変/ㅎ불 ㅎ（脱落）＋ 앴다	그렇다（そうだ）→ 그랬다 말갛다（清い、淡い）→ 말갰다

確認しよう！

＊次の述語を過去形の【常体】に直しましょう。

述語 40（過去形の常体）

NO	辞書形	意味	常体	NO	辞書形	意味	常体
①	가다	行く		㉑	알다	知る	
②	걷다	歩く		㉒	오다	来る	
③	켜다	点ける		㉓	웃다	笑う	
④	끄다	消す		㉔	읽다	読む	
⑤	닫다	閉める		㉕	입다	着る	
⑥	듣다	聴く		㉖	높다	高い	
⑦	마시다	飲む		㉗	넓다	広い	
⑧	만나다	会う		㉘	좁다	狭い	
⑨	먹다	食べる		㉙	예쁘다	綺麗だ	
⑩	배우다	習う		㉚	귀엽다	可愛い	
⑪	보다	見る		㉛	깨끗하다	清い	
⑫	부르다	呼ぶ		㉜	쉽다	易しい	
⑬	살다	住む		㉝	어렵다	難しい	
⑭	사다	買う		㉞	싸다	安い	
⑮	서다	立つ		㉟	좋다	良い	
⑯	쉬다	休む		㊱	바쁘다	忙しい	
⑰	시작하다	始まる		㊲	많다	多い	
⑱	쓰다	書く		㊳	멋있다	素敵だ	
⑲	씻다	洗う		㊴	맛있다	うまい	
⑳	앉다	座る		㊵	맵다	辛い	

【注意】⑤ 닫다 以外 → ㄷ変則　　㉕ 입다・㉘ 좁다 以外 → ㅂ変則　　⑫ 부르다 → 르変則

答：次のページ「述語 40（過去形の敬体）」を参考

第35課　述語の過去形（敬体）

★過去形の「常体」を「敬体」にする★ 　합니다体

　丁寧語のつくり方は、現在形と同じです。過去形の常体は、すべてがパッチム「ㅆ」で終わるため、語尾「다」の代わりに「습니다」を入れて丁寧語にします。例：갔다 → 갔습니다.

確認しよう！

＊表に書いてある過去形の常体を右の欄に丁寧語で書き入れましょう。

述語40（過去形の敬体）

NO	辞書形	常体	敬体	NO	辞書形	常体	敬体
①	가다	갔다		㉑	알다	알았다	
②	걷다	걸었다		㉒	오다	왔다	
③	켜다	켰다		㉓	웃다	웃었다	
④	끄다	껐다		㉔	읽다	읽었다	
⑤	닫다	닫았다		㉕	입다	입었다	
⑥	듣다	들었다		㉖	높다	높았다	
⑦	마시다	마셨다		㉗	넓다	넓었다	
⑧	만나다	만났다		㉘	좁다	좁았다	
⑨	먹다	먹었다		㉙	예쁘다	예뻤다	
⑩	배우다	배웠다		㉚	귀엽다	귀여웠다	
⑪	보다	봤다		㉛	깨끗하다	깨끗했다	
⑫	부르다	불렀다		㉜	쉽다	쉬웠다	
⑬	살다	살았다		㉝	어렵다	어려웠다	
⑭	사다	샀다		㉞	싸다	쌌다	
⑮	서다	섰다		㉟	좋다	좋았다	
⑯	쉬다	쉬었다		㊱	바쁘다	바빴다	
⑰	시작하다	시작했다		㊲	많다	많았다	
⑱	쓰다	썼다		㊳	멋있다	멋있었다	
⑲	씻다	씻었다		㊴	맛있다	맛있었다	
⑳	앉다	앉았다		㊵	맵다	매웠다	

チェック✓

＊過去形は、辞書形の語尾 다 の前のパッチム ㄷ が、変則的に ㄹ に形が変わるものがあるため、違う言葉が過去形の常体や敬体では同じ形になることがあります。

例：듣다（聴く）→ 들었다(들었습니다) / 들다（持つ）→ 들었다(들었습니다)

チェック✓

＊過去形は、辞書形の語尾 다 の前のパッチム ㅅ がなくなるものがあるため、違う言葉が過去形の常体や敬体では発音が似ることがあります。

例：낫다（治る）→ 나았다(나았습니다) / 나다（起こる）→ 났다(났습니다)

짓다（作る）→ 지었다(지었습니다) / 지다（負ける）→ 졌다(졌습니다)

次は、前のページの答えですが、その左の欄には、過去形（常体）の発音が表記されています。これを参考に発音してみましょう。それから丁寧語の答え合わせをしましょう。

答：述語40（過去形） 🎧195

NO	常体	発音	敬体	NO	常体	発音	敬体
①	갔다	갇따	갔습니다	㉑	알았다	아랃따	알았습니다
②	걸었다	거럳따	걸었습니다	㉒	왔다	왇따	왔습니다
③	켰다	켣따	켰습니다	㉓	웃었다	우섣따	웃었습니다
④	껐다	껃따	껐습니다	㉔	읽었다	일걷따	읽었습니다
⑤	닫았다	다닫따	닫았습니다	㉕	입었다	이벋따	입었습니다
⑥	들었다	드럳따	들었습니다	㉖	높았다	노팓따	높았습니다
⑦	마셨다	마셛따	마셨습니다	㉗	넓었다	널벋따	넓었습니다
⑧	만났다	만낟따	만났습니다	㉘	좁았다	조받따	좁았습니다
⑨	먹었다	머걷따	먹었습니다	㉙	예뻤다	예뻗따	예뻤습니다
⑩	배웠다	배won따	배웠습니다	㉚	귀여웠다	귀여won따	귀여웠습니다
⑪	봤다	봗따	봤습니다	㉛	깨끗했다	깨끄탣따	깨끗했습니다
⑫	불렀다	불럳따	불렀습니다	㉜	쉬웠다	쉬won따	쉬웠습니다
⑬	살았다	사랃따	살았습니다	㉝	어려웠다	어려won따	어려웠습니다
⑭	샀다	삳따	샀습니다	㉞	썼다	썯따	썼습니다
⑮	섰다	섣따	섰습니다	㉟	좋았다	조앋따	좋았습니다
⑯	쉬었다	쉬얻따	쉬었습니다	㊱	바빴다	바빧따	바빴습니다
⑰	시작했다	시자캗따	시작했습니다	㊲	많았다	마낟따	많았습니다
⑱	썼다	썯따	썼습니다	㊳	멋있었다	머시썯따	멋있었습니다
⑲	씻었다	씨섣따	씻었습니다	㊴	맛있었다	마시썯따	맛있었습니다
⑳	앉았다	안잗따	앉았습니다	㊵	매웠다	매won따	매웠습니다

🌸 過去形の常体表現は、すべて語尾「다」の前がパッチム ㅆ で終わるため、語尾「다」は「따」に、敬体表現「…습니다」は、「…씀니다」に発音されます。

150

＊指定詞と存在詞の過去形（敬体）について

① その人は日本人でした。 🎧196
그 사람은 일본사람**이었습니다**.

韓国人ではありませんでした。
한국사람이 **아니었습니다**.

指定詞の過去形（합니다体）

指定詞	意味	過去形の常体	過去形の敬体
다/이다	だ／である	였다/이었다	였습니다/이었습니다
(가/이) 아니다	ではない	(가/이) 아니었다	(가/이) 아니었습니다

❀ 였다（였습니다）は前の文字にパッチムがない場合、이었다（이었습니다）は前の文字にパッチムがある場合。교사였습니다（教師でした）／선생님이었습니다（先生でした）

❀ 아니었습니다 は、会話では縮約して「아녔습니다」といいます。

② 昨日何がありましたか。 🎧197
어제 무슨 일이 **있었습니까**?

家に誰がいましたか。
집에 누가 **있었습니까**?

存在詞の過去形（합니다体）

存在詞	意味	過去形の常体	過去形の敬体
있다	ある／いる	있었다	있었습니다
없다	ない／いない	없었다	없었습니다

❀ 「何が」は「무엇이」ですが、時間や期間などに続く「何が」は「何事が」の意味ですので、「무슨 일이」になります。

まる暗記 🎧198

＊아무 일도 없었습니다. （何事もありませんでした。）

やってみよう！ 🔊199

1）右の動詞を丁寧語（過去形）に変えて絵に合う文を書きましょう。

	가다（行く）
	그리다（描く）
	듣다（聴く）
	마시다（飲む）
	만나다（会う）
	먹다（食べる）
	보다（見る）
	읽다（読む）
	타다（乗る）
	하다（する）
	치다（打つ）

①	会社に行きました。	회사에
②	家に帰りました。	집에
③	絵を描きました。	그림을
④	音楽を聴きました。	음악을
⑤	お酒を飲みました。	술을
⑥	友達に会いました。	친구를
⑦	ご飯を食べました。	밥을
⑧	映画を見ました。	영화를
⑨	本を読みました。	책을
⑩	自転車に乗りました。	자전거를
⑪	地下鉄に乗りました。	지하철을
⑫	スキーをしました。	스키를
⑬	話をしました。	이야기를
⑭	仕事をしました。	일을
⑮	テニスをしました。	테니스를
⑯	ピアノを弾きました。	피아노를

答

①	갔습니다.	⑤	마셨습니다.	⑨	읽었습니다.	⑬	했습니다.
②	갔습니다.	⑥	만났습니다.	⑩	탔습니다.	⑭	했습니다.
③	그렸습니다.	⑦	먹었습니다.	⑪	탔습니다.	⑮	쳤습니다.
④	들었습니다.	⑧	봤습니다.	⑫	탔습니다.	⑯	쳤습니다.

152

2）次の文の動詞を辞書形に直し、Ａに書き入れましょう。

（辞書でＡの意味を調べ、Ｂに日本語の意味を丁寧語で書き入れましょう。）

	Ａ	Ｂ
①	구두를 샀습니다. →	靴を　　　　　　　　。
②	춤을 췄습니다. →	踊りを　　　　　　　　。
③	노래를 불렀습니다. →	歌を　　　　　　　　。
④	기타를 쳤습니다. →	ギターを　　　　　　　　。
⑤	맥주를 좋아했습니다. →	ビールが　　　　　　　　。

Ａの答え：① 사다　② 추다　③ 부르다　④ 치다　⑤ 좋아하다
Ｂの答え：① 靴を買いました。　② 踊りを踊りました。　③ 歌を歌いました。　④ ギターを弾きました。
　　　　　⑤ ビールが好きでした。

- 추다（踊る）：추었습니다（○）→ 췄습니다（○）
- 치다（弾く）：치었습니다（×）→ 쳤습니다（○）
- 부르다（歌う、呼ぶ）は、（르変則）なので、ㄹ が加わり 불렀다 → 불렀습니다 (p.147 参考)

3）下の単語を使って絵に合う文を丁寧語で書きましょう。　🔊 200

① 広い 넓다　　② 安い 싸다　　③ 難しい 어렵다　　④ 素敵だ 멋있다

① _____ / _____
② _____ / _____
③ _____ / _____
④ _____ / _____

部屋：방　道：길　帽子：모자　洋服：옷　韓国語：한국말　英語：영어　ネックレス：목걸이　イヤリング：귀걸이

答：① 방이/길이 넓었습니다.（部屋／道が広かったです。）　② 모자가/옷이 쌌습니다.（帽子／洋服が安かったです。）　③ 한국말이/영어가 어려웠습니다.（韓国語／英語が難しかったです。）　④ 목걸이가/귀걸이가 멋있었습니다.（ネックレス／イヤリングが素敵でした。）

4）次のアリバイを聞いて、ケーキを食べた人を捜しましょう。

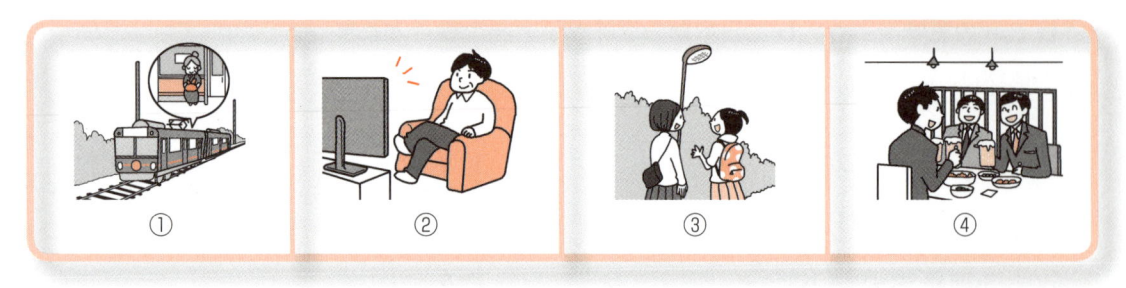

어머니 : 저녁에 무엇을 했습니까?
① 할머니 : 전철을 타고 있었습니다.
② 아버지 : 집에서 텔레비를 봤습니다.
③ 딸 : 밖에서 친구를 만났습니다.
④ 아들 : 직장 동료들하고 술집에서 술을 마셨습니다.

어머니 : 냉장고의 케이크를 누가 먹었습니까?

答えは＿＿＿＿＿＿＿＿＿＿＿＿＿＿＿＿＿＿＿＿

日本語訳

母：夕方、何をしましたか。
① 祖母：電車に乗っていました。
② 父：家でテレビをみました。
③ 娘：外で友人と会っていました。
④ 息子：職場の同僚らと居酒屋で酒を飲みました。

質問
母：冷蔵庫のケーキを誰が食べましたか。

答え：아버지（父）

まる暗記 🔊 201

＊잘 먹었습니다.（ご馳走様でした。）　（「いただきます」→「잘 먹겠습니다」）

第36課　過去形の否定形（합니다体）

しませんでした。
안 했습니다. / 하지 않았습니다.

> 述語によっては、どちらか一方のみを使う場合もあります。

- 前置否定形：안 ＋ 動詞・形容詞
- 後置否定形：動詞・形容詞の語幹 ＋ 지 않았다
  　　　　　　（〜（し）なかった／〜くなかった）
  　　　　　　動詞・形容詞の語幹 ＋ 지 않았습니다
  　　　　　　（〜（し）ませんでした／〜くありませんでした）

（前置否定形は、述語の前に「안」を加えるだけであり、後置否定形は、辞書形の語尾「〜다」の代わりに「〜지 않았다」や「〜지 않았습니다」を付けます。）

- 「안 했습니다」は、「아냈씀니다」と発音します。
- 「〜지 않았습니다」は、「〜지 아낟씀니다」と発音します。

辞書形	前置否定形（丁寧語）	後置否定形（丁寧語）
추다	춤을 안 췄습니다.	춤을 추지 않았습니다.
부르다	노래를 안 불렀습니다.	노래를 부르지 않았습니다.
치다	피아노를 안 쳤습니다.	피아노를 치지 않았습니다.
가다	회사에 안 갔습니다.	회사에 가지 않았습니다.
회의하다	회의(를) 안 했습니다.	회의(를) 하지 않았습니다.
크다	키가 안 컸습니다.	키가 크지 않았습니다.

まる暗記 203

＊예약을 안 했습니다. (予約をしてないです。)

- 助詞「を」を「は」にして、예약은 안 했습니다 ともいいます。

155

やってみよう！ 🎵 204

絵を見て次の質問と答えを韓国語で書きましょう。

[① 日曜日、花見に行きましたか。＿＿＿＿＿＿＿＿＿＿＿？]
[② 昨日、花見しましたか。＿＿＿＿＿＿＿＿＿＿＿＿＿？]

| ① 花見　벚꽃놀이
行く　가다 | ② 花見　벚꽃구경
する　하다 |

前置否定形（丁寧語）で答える　　　　前置否定形（丁寧語）で答える

＿＿＿＿＿＿＿＿＿＿＿＿＿＿　　　＿＿＿＿＿＿＿＿＿＿＿＿＿＿

後置否定形（丁寧語）で答える　　　　後置否定形（丁寧語）で答える

＿＿＿＿＿＿＿＿＿＿＿＿＿＿　　　＿＿＿＿＿＿＿＿＿＿＿＿＿＿

🌸 벚꽃놀이 も 벚꽃구경 も桜の花を愛でることをいいます。
「벚꽃놀이」は、鼻音化と連音化により「벚꼰노리」と発音します。

答：① 일요일에 벚꽃놀이 갔습니까?	② 어제 벚꽃구경했습니까?
前置否定形（丁寧語）：벚꽃놀이 안 갔습니다.	前置否定形（丁寧語）：벚꽃구경 안 했습니다.
後置否定形（丁寧語）：벚꽃놀이 가지 않았습니다.	後置否定形（丁寧語）：벚꽃구경하지 않았습니다.

まる暗記 🎵 205

＊벚꽃 시기가 얼마 안 남았습니다.
（桜シーズンはあまり残っていません。）

第37課　過去形の不可能や能力の有無を表す（합니다体）

> できませんでした。
> **못 했습니다 / ～하지 못했습니다.**

🔊 206

- 前置不可能形：**못** ＋ 動詞
- 後置不可能形：動詞の語幹 ＋ **지 못했다**（～できなかった）
  　　　　　　　動詞の語幹 ＋ **지 못했습니다**（～できませんでした）
- 「못했습니다」は、「모탰씀니다」と発音します。

やってみよう！ 🔊 207

絵を見て次の質問と答えを韓国語で書きましょう。

[① 日曜日、花見に行きましたか。＿＿＿＿＿＿＿＿＿＿？]

[② 昨日、花見しましたか。＿＿＿＿＿＿＿＿＿＿＿＿？]

| ① 花見　벚꽃놀이　行く　가다 | ② 花見　벚꽃구경　する　하다 |

前置不可能形（丁寧語）で答える　　　　前置不可能形（丁寧語）で答える

＿＿＿＿＿＿＿＿＿＿＿＿　　　　　　＿＿＿＿＿＿＿＿＿＿＿＿

後置不可能形（丁寧語）で答える　　　　後置不可能形（丁寧語）で答える

＿＿＿＿＿＿＿＿＿＿＿＿　　　　　　＿＿＿＿＿＿＿＿＿＿＿＿

答：① 일요일에 벚꽃놀이 갔습니까?	② 어제 벚꽃구경했습니까?
前置不可能形（丁寧語）：벚꽃놀이 못 갔습니다.	前置不可能形（丁寧語）：벚꽃구경 못 했습니다.
後置不可能形（丁寧語）：벚꽃놀이 가지 못했습니다.	後置不可能形（丁寧語）：벚꽃구경하지 못했습니다.

まる暗記 🔊 208

＊아직 결혼 못했습니다.（まだ、結婚していません（できてないです）。）

第10章　意志や推量を表す表現

　主に意志や推量を表す「～겠습니다/～겠어요（～やります、～でしょう）」の表現があります。この表現は、それ以外にも慣例的に使われ、また、予告や可能を表します。これからすることに対して使うことが多いので、未来形の一つと考えられています。推量を表すときは、過去形で表すこともあります。
　「～겠습니다」は、かしこまった表現で、「～겠어요（～ね、よ、わ）」は打ち解けた表現です。

★ 辞書形から「～겠다/～겠습니다」を作る ★　〈합니다体〉

パッチムの有無に関係なく、辞書形の語尾「다」の前に「겠」を加えます。
（敬体は、「～겠다」→「～겠습니다」）

　하다（する）→ 하겠다（常体）→ 하겠습니다（敬体）
　먹다（食べる）→ 먹겠다（常体）→ 먹겠습니다（敬体）
　（発音：하겠다 → 하겠따、하겠습니다 → 하겟씀니다、먹겠다 → 먹껟따、먹겠습니다 → 먹껟씀니다）

🔔 過去形で表すときは、過去形の常体の語尾「다」の前に「겠」を加えます。

　했다（した）→ 했겠다（常体）→ 했겠습니다（敬体）
　먹었다（食べた）→ 먹었겠다（常体）→ 먹었겠습니다（敬体）

チェック✓

「～겠다（常体）/ ～겠습니다（합니다体）/ ～겠어요（해요体）」は、一人称の場合、話す人の意志を表すときに使われるもので、単なる予定をいうものではありませんので気をつけましょう。

- 내일 친구를 만나겠습니다.（明日、友人に会うことにします。）← 決心をしている。
- 내일 친구를 만날 겁니다.（明日、友人に会います。）← 予定をしている。

日本語では、これから行うことについても現在形が使われることが多くありますが、韓国語では、未来形を用います。
その一般的な未来形は、「～ㄹ(을) 겁니다/거예요：～つもりです」です。

第38課 「～겠습니다（합니다体）」の多様な表現

次は、「～겠습니다」が使われるいろいろな場面です。絵を見て、意味を日本語で書きましょう。

1. 意志表現：やります。ことにします。～てみせます。

意志や意向を言ったり、聞いたり、確認するときに使います。　　　🎧209

① 열심히 하겠습니다.
② 지하철을 타겠습니다. 
③ 오늘부터 다이어트를 하겠습니다. 

① _____
② _____
③ _____

答：① 열심히 하겠습니다.：一生懸命やります。
　　② 지하철을 타겠습니다.：地下鉄に乗ることにします。
　　③ 오늘부터 다이어트를 하겠습니다.：今日からダイエットをやってみせます。

まる暗記　🎧210

＊내일부터 무엇을 하겠습니까?（明日から何をやりますか。）

2. 推量表現：〜でしょう。〜そうです。　　🔊 211

| ① 이 옷은 비싸겠습니다. | ② 비가 오겠습니다. | ③ 어젯밤에는 비가 왔겠습니다. |

① _____
② _____
③ _____

> 答：① 이 옷은 비싸겠습니다.：この服は高そうです。
> ② 비가 오겠습니다.：雨が降るでしょう。／雨が降りそうです。
> ③ 어젯밤에는 비가 왔겠습니다.：昨日の夜は、雨が降ったでしょう。

まる暗記　🔊 212

*무엇이 맛있겠습니까?（何が美味しそうですか。）

　会話では、「무엇이」を「뭐가」に縮約し「뭐가 맛있겠습니까?」といいます。

3. 予告表現：〜します　　🔊 213

| ① 공항에 마중 나가겠습니다. | ② 수업을 시작하겠습니다. | ③ 연락하겠습니다. |

① _____
② _____
③ _____

答：① 공항에 마중 나가겠습니다. : 空港に迎えに出向きます。
　　② 수업을 시작하겠습니다. : 授業を始めます。
　　③ 연락하겠습니다. : 連絡します。

まる暗記 214

＊사장님께 안부 전하겠습니다.（社長によろしくとお伝えします。）

4. 可能表現：〜できます。 215

① 이 문제는 풀겠습니다.　② 이 정도는 하겠습니다.　③ 혼자서 다 먹겠습니다.

① ＿＿＿＿＿＿＿＿＿＿＿＿＿＿＿＿＿＿＿＿＿＿＿＿＿＿＿＿＿＿＿＿＿
② ＿＿＿＿＿＿＿＿＿＿＿＿＿＿＿＿＿＿＿＿＿＿＿＿＿＿＿＿＿＿＿＿＿
③ ＿＿＿＿＿＿＿＿＿＿＿＿＿＿＿＿＿＿＿＿＿＿＿＿＿＿＿＿＿＿＿＿＿

答：① 이 문제는 풀겠습니다. : この問題は解けます。
　　② 이 정도는 하겠습니다. : これくらいはできます。
　　③ 혼자서 다 먹겠습니다. : 一人で全部食べられます。

まる暗記 216

＊어떻게 좀 안 되겠습니까?（何とかなりませんか。）

5. 慣例的な表現 🎧217

> 다녀오겠습니다.
> 行ってまいります。
> 行ってきます。

> 처음 뵙겠습니다.
> 初めてお目にかかります。
> 初めまして。

> 잘 먹겠습니다.
> いただきます。

> 만나겠습니다.
> お会いします。

> 알겠습니다.
> かしこまりました。

★次の言葉は、「겠」が入ると、1人称では謙譲語や婉曲な表現になります★

次の文を「〜겠습니다」の文に変え、（　　）の中に日本語の意味を書きましょう。

① 실례합니다（失礼します）　→ _____（　　　　　　　　　　）
② 소개합니다（紹介します）　→ _____（　　　　　　　　　　）
③ 안내합니다（案内します）　→ _____（　　　　　　　　　　）
④ 기다립니다（待ちます）　　→ _____（　　　　　　　　　　）
⑤ 인사합니다（挨拶します）　→ _____（　　　　　　　　　　）
⑥ 부탁합니다（お願いします）→ _____（　　　　　　　　　　）

> 答：① 실례하겠습니다（失礼いたします）　② 소개하겠습니다（ご紹介します）
> ③ 안내하겠습니다（案内いたします）　④ 기다리겠습니다（お待ちいたします）
> ⑤ 인사하겠습니다（ご挨拶いたします：謙譲語 → 인사드리겠습니다（ご挨拶申し上げます）
> ⑥ 부탁하겠습니다（お願いいたします：謙譲語 → 부탁드리겠습니다（お願い申し上げます）

まる暗記 🎧218

> ＊3천원 되겠습니다.（3000ウォンとなります。）

第39課 「～겠습니다」の疑問文

疑問文は、「겠습니다」→「겠습니까?」にすれば OK です。

二人称では、相手の意志や意向を伺ったり、確認するときに使われ、三人称では、推量や予想を表します。

やってみよう！ 🎧219

次の絵を参考に、韓国語を日本語に直しましょう。

① 누구 키가 크겠습니까? _____

② 다음은 누가 노래하겠습니까? _____

③ 어디서 기다리겠습니까? _____

④ 점심은 뭐가 좋겠습니까? _____

⑤ 이유를 알겠습니까? _____

> 💡 「알겠습니다（分かります）/ 모르겠습니다（わかりません）」の助詞は「を（를/을）」が使われます。

答：① 誰の背が高いでしょうか。　② 次はだれが歌いますか。　③ どこで待ちますか。
　　④ お昼（ご飯）は、何がいいですか。　⑤ 理由が分かりますか。

まる暗記 🎧220

＊혼자서 가겠습니까?（一人で行けますか。）

第40課　「〜겠습니다」の否定文

★否定形（〜ないでしょう／〜やりません）は、二通りあります。

- 前置否定形：안 ＋ 〜겠습니다
- 後置否定形：動詞・形容詞の語幹 ＋ 지 않겠습니다
- 「〜지 않겠습니다」は、「〜지 안켔씀니다」と発音します。

やってみよう！ 🎵 221

次の絵を参考に、前置否定形を後置否定形に直し、日本語の意味を書きましょう。

① 비가 안 오겠습니다.　→ ＿＿＿＿＿＿＿＿＿＿＿（　　　　　　　　　）

② 안 아프겠습니다.　→ ＿＿＿＿＿＿＿＿＿＿＿（　　　　　　　　　）

③ 안 크겠습니다.　→ ＿＿＿＿＿＿＿＿＿＿＿（　　　　　　　　　）

④ 말 안 하겠습니다.　→ ＿＿＿＿＿＿＿＿＿＿＿（　　　　　　　　　）

⑤ 술 안 마시겠습니다.　→ ＿＿＿＿＿＿＿＿＿＿＿（　　　　　　　　　）

答：① 비가 오지 않겠습니다.（雨は降らないでしょう。）
　　② 아프지 않겠습니다.（痛くなさそうです。）
　　③ 크지 않겠습니다.（大きくなさそうです。）
　　④ 말 하지 않겠습니다.（言いません。）
　　⑤ 술 마시지 않겠습니다.（お酒はのみません。）

まる暗記 🎵 222

＊안 그러겠습니다.（そんなことはしません。）

第41課 「〜겠습니다」の不可能文

★不可能形は、二通りあります。

- 前置不可能形：못 ＋ 〜겠습니다
- 後置不可能形：動詞の語幹 ＋ 지 못하겠습니다（〜できません／〜られません）
- 「〜지 못하겠습니다」は、「〜지 모타겠씀니다」と発音します。

やってみよう！ 🎧 223

次の絵を参考に、前置不可能形を後置不可能形に直し、日本語の意味を書きましょう。

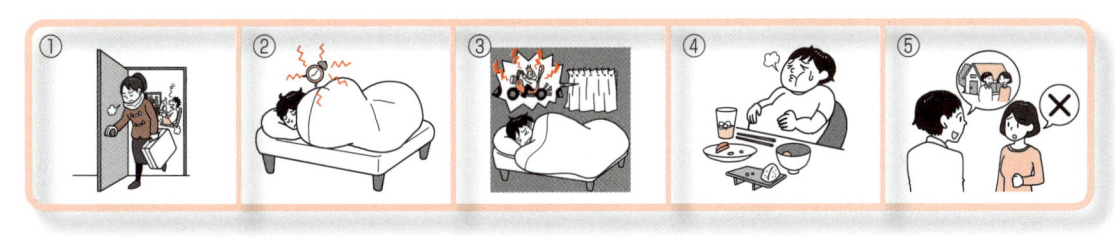

① 같이 못 살겠습니다. → ＿＿＿＿＿＿＿＿＿＿＿＿＿＿（　　　　　　　　　　）

② 못 일어나겠습니다. → ＿＿＿＿＿＿＿＿＿＿＿＿＿＿（　　　　　　　　　　）

③ 못 자겠습니다. → ＿＿＿＿＿＿＿＿＿＿＿＿＿＿（　　　　　　　　　　）

④ 다 못 먹겠습니다. → ＿＿＿＿＿＿＿＿＿＿＿＿＿＿（　　　　　　　　　　）

⑤ 말 못 하겠습니다. → ＿＿＿＿＿＿＿＿＿＿＿＿＿＿（　　　　　　　　　　）

- ②「못 일어나겠습니다」→「일〜」に ㄴ が加わるため、鼻音化し「몬니러나겠씀니다」と発音します。p.55 参考
- ④「못 먹겠습니다」は、「못」が次にくる子音 ㅁ の影響を受けて鼻音化し「몬먹껬씀니다」と発音します。

> 答：① 같이 살지 못하겠습니다.（一緒に暮らせません。）　② 일어나지 못하겠습니다.（起きられません。）
> ③ 자지 못하겠습니다.（寝られません。）　④ 다 먹지 못하겠습니다.（全部食べられません。）
> ⑤ 말하지 못하겠습니다.（言えません。）

- 後置不可能形「〜지 못하겠습니다」の場合は、「못」と「하겠습니다」はつけて書きます。

まる暗記 🎧 224

＊혼자 못 보내겠습니다.（一人では行かせません。）

第42課　打ち解けた表現「～겠어요（해요体）」

　ここでは、「～겠습니다」より日常生活でよく使う「～겠어요（～やりますよ、～でしょうね）」を紹介しましょう。

★辞書形から「～겠다/～겠어요」を作る★　（해요体）

パッチムの有無に関係なく、辞書形の語尾「다」の前に「겠」を加えます。
（敬体は、「～겠다」→「～겠어요」）

하다（する）→ 하겠다（常体）→ 하겠어요（敬体）

먹다（食べる）→ 먹겠다（常体）→ 먹겠어요（敬体）

（発音：하겠다 → 하겓따、하겠어요 → 하게써요、먹겠다 → 먹껟따、먹겠어요 → 먹께써요）

ワンポイント！　過去形で表すときは、過去形の常体の語尾「다」の前に「겠」を加えます。

했다（した）→ 했겠다（常体）→ 했겠어요（敬体）

먹었다（食べた）→ 먹었겠다（常体）→ 먹었겠어요（敬体）

やってみよう！　🎧225

次の絵を参考に、「～겠습니다」を打ち解けた話し方の「～겠어요」に直し、日本語の意味を書きましょう。

① 한국음식이 맵겠습니다. → _____（　　　　　　　　）

② 영화가 재미있겠습니다. → _____（　　　　　　　　）

③ 이유를 알겠습니까? → _____（　　　　　　　　）

④ 비가 안 오겠습니다. → _____（　　　　　　　　）

⑤ 다 못 먹겠습니다. → _____（　　　　　　　　）

> 答：① 한국음식이 맵겠어요.（韓国料理は辛そうですね。）　② 영화가 재미있겠어요.（映画は面白そうですね。）
> ③ 이유를 알겠어요?（理由がわかりますか。）　④ 비가 안 오겠어요.（雨は降らないでしょうね。）
> ⑤ 다 못 먹겠어요.（全部食べられませんよ。）

- 「겠어요」の疑問文は、「겠어요?」のように「?」をつけるだけでOK。話すときは、語尾を上げて発音します。

まる暗記 🎧 226

＊내가 한턱 내겠어요.（私がおごりますよ。）

ステップアップ 🎧 227

次の機内アナウンスを日本語に訳しましょう。

승객 여러분 오늘도 저희 대한항공을 이용해 주셔서 감사합니다.
지금부터 음료수와 식사를 제공하겠습니다.
여러분의 안전을 위해 비행 중에는 안전벨트를 착용해 주십시오.
．．．．．．．．．．．．．．．．．．．
저희 비행기는 10(십)분 후에 인천국제공항에 착륙하겠습니다.
오늘 이곳 날씨는 맑고 기온은 섭씨 20(이십)도입니다.

_____

_____

_____

_____

_____

答：※（文脈の勉強のため、直訳にしています。）
乗客の皆様、きょうも弊社の大韓航空をご利用いただき、ありがとうございます。
これから、飲み物と食事をご提供いたします。
皆様の安全のため、飛行中は安全ベルト（シードベルト）を着用してください。
．．．．．．．．．．．
この（弊社の）飛行機は10分後にインチョン国際空港に着陸いたします。
今日のこちらの天気は晴れ、気温は摂氏20度です。

ひと休み！

◎ **韓国に関する問題です。**

1、次の言葉の中で日本語なのに韓国語と同じものは

　　　① 無理だ　　　　　　②安心だ　　　　　　　③ 洗った

2、韓国人にとって行儀悪いと思われるのは、次のどれでしょう。

　　　①女性があぐらをかく　　② 食事のとき茶碗を手で持つ　　③ 女性同士で腕を組む

3、初給料をもらうと必ずすることは

　　　① 両親の下着を買う　　② 自分の服を買う　　　③ 預金通帳を作る

4、韓国では、誕生日に必ず飲むものは

　　　① ゴムタンスープ　　　　② もやしスープ　　　　　③ わかめスープ

答：1　①（③の「アラッタ」は、韓国語の「わかった」の意味の言葉と同じ発音。）
　　 2　②（ご飯や汁ものは、食卓においてスプーンで食べます。）
　　 3　①（育ててくれた親に一人前になった報告と感謝を込めて贈り物をします。）
　　 4　③（韓国の女性は、産後しばらくは栄養をたっぷり入れたわかめスープをのみます。その習わしで誕生日の日はわかめスープを飲みます。）

第 11 章　述語の現在形「해요体」のフレーズ 170
　　第 43 課　述語の現在形（해요体）
　　第 44 課　接続詞「そして（그리고）」
　　第 45 課　数詞を使ったフレーズ（해요体）
　　第 46 課　現在形の否定形（해요体）
　　第 47 課　現在形の不可能や能力の有無を表す（해요体）

第 12 章　状態の持続を表す「〜ている」の表現 191
　　第 48 課　〜ています。〜아/어 있습니다. / 〜아/어 있어요.
　　第 49 課　〜ている途中です。（〜고 있습니다(있어요).) と
　　　　　　　〜ています。（〜아/어 있습니다(있어요).) の違いについて

第 13 章　願望を表す「〜たい」の表現 199
　　第 50 課　〜たいです。〜고 싶습니다. / 〜고 싶어요.
　　第 51 課　〜たくありません。〜고 싶지 않습니다. / 고 싶지 않아요.
　　第 52 課　〜たかったです。〜고 싶었습니다. / 〜고 싶었어요.
　　第 53 課　〜たくありませんでした。
　　　　　　　〜고 싶지 않았습니다. / 〜고 싶지 않았어요.

第 14 章　述語の過去形「해요体」のフレーズ 208
　　第 54 課　述語の過去形（해요体）
　　第 55 課　「あげました」と「もらいました」を使ったフレーズ（해요体）
　　第 56 課　身体を使った表現（해요体）
　　第 57 課　勉強おつかれさまテスト

第 4 部
日常の生活で使える文型

第11章 述語の現在形「해요체」のフレーズ

　この第4部では、日常生活でよく使われる「〜ます／です（よ、わ）」の「해요체」を勉強しましょう。第3部の「합니다体」に比べて打ち解けた表現として使われることが多いです。
　「해요체」は、大変便利で、語尾を上げて発音し、「?」を付けて書くと疑問文になり、さらに、アクセントやニュアンスによって、「〜てください」や「〜ましょう」の意味にもなります。
　① 食事します。：식사해요.
　② 食事しますか。：식사해요?
　③ 食事してください。：식사해요.
　④ 食事しましょう。：식사해요.

> 疑問文は、語尾を上げて発音するだけで OK！

第43課 | 述語の現在形（해요체）

★**辞書形から丁寧語（現在形）を作る**★　　해요体

ルールは、次の四つ。キーワードは、語尾「다」の前の母音の種類

陽母音：아, 오　　陰母音：아, 오 以外の母音

① 語幹（다 の前の文字）が陽母音である場合
　語幹 ＋ 아요　　　　　　　　가다（行く）→ 가요（行きます）

② 語幹（다 の前の文字）が陰母音である場合
　語幹 ＋ 어요　　　　　　　　먹다（食べる）→ 먹어요（食べます）

③ 語幹（다 の前の文字）が、「하(〜하다)」で終わる場合
　語幹 하 ＋ 여요 ＝ 해요　　　식사하다（食事する）→ 식사해요（食事します）

④ 語幹（다 の前の文字）が、「으」母音の場合
　母音「ー」が脱落 ＋ 아요 or 어요　　쓰다（書く）→ 써요（書きます）

> **チェック✓**
>
> 「해요体」の現在形（敬体）を作るとき、다 の前の母音の種類によって 아요 や 어요 をつけるのは、母音を同じ系列（陽母音、または陰母音）に揃えて縮約した形にしたいからです。ただし、다 の前の母音が複合母音の場合は、次に来る 아요 や 어요 は縮約されません。同様に、다 の前にパッチムがある場合も縮約されません。

> 다 の前のパッチム、ㄷ、ㅂ、ㅅ、ㅎ の中には、変則（不規則）的にパッチムの形が変わったり、脱落するものがあります。（＊変則動詞・形容詞か否かは、辞書に、ㄷ変／ㄷ不、ㅂ変／ㅂ불、ㅅ変／ㅅ불、ㅎ変／ㅎ불、などと書いてあるかどうかで確認します。）

① 語幹が陽母音で終わっている場合 ＋ 아요

パッチムがない場合

가다（行く）→ 가아요（×）→ 가요（○）　　오다（来る）→ 오아요（×）→ 와요（○）

パッチムがある場合

팔다（売る）→ 팔아요　　괜찮다（大丈夫だ）→ 괜찮아요　　높다（高い）→ 높아요

② 語幹が陰母音で終わっている場合 ＋ 어요

パッチムがない場合

서다（立つ）→ 서어요（×）→ 서요（○）　　주다（やる）→ 주어요（○）→ 줘요（○）
보내다（送る）→ 보내어요（×）→ 보내요（○）
마시다（飲む）→ 마시어요（×）→ 마셔요（○）
켜다（点ける）→ 켜어요（×）→ 켜요（○）

パッチムがある場合

먹다（食べる）→ 먹어요　　길다（長い）→ 길어요

③「～하다」で終わっている場合　＋ 여요 ＝ 해요

하다（する）→ 하여요（×）→ 해요（○）
좋아하다（好きだ）→ 좋아해요
사랑하다（愛する）→ 사랑해요

④「으」語幹で終わっている場合　ー（脱落）＋ 아요 or 어요

으 の前の文字の母音が陽母音の場合：ー（脱落）＋ 아요

아프다（痛い）→ 아프아요（×）→ 아파요（○）
따르다（従う）→ 따르아요（×）→ 따라요（○）

語幹の文字が 으 母音だけである場合：ー（脱落）＋ 어요

크다（大きい）→ 크어요（×）→ 커요（○）
뜨다（浮かぶ）→ 뜨어요（×）→ 떠요（○）

> 母音「ー」は、子音だけの音を表すために便宜上つけているものなので、「ー」の後に母音が来れば、「ー」は、脱落します。

으 の前の文字の母音が陰母音の場合 : ー（脱落）＋ 어요

기쁘다（嬉しい）→ 기쁘어요（×）→ 기뻐요（○）

들르다（立ち寄る）→ 들르어요（×）→ 들러요（○）

다 の前に「르」が来る場合、르 の前の文字に ㄹ パッチムをつけるものがあります（르変則）。
르 変則か否かは、辞書に 르変／르불 と書いてあるかどうかで確認します。

모르다（知らない）→ 모르아요（×）→ 모라요（×）→ 몰라요

이르다（言う、早い）→ 이르어요（×）→ 이러요（×）→ 일러요

다 の前に「르」が来る場合、르 の後に 러요 をつけるものがあります（러変則 → 3 例だけ）。
러 変則か否かは、辞書に 러変／러불 と書いてあるかどうかで確認します。

動詞：이르다（至る）→ 이르러요

形容詞：푸르다（青い）→ 푸르러요　　누르다（黄色い）→ 누르러요

【パッチムによる変則（不規則）】

パッチム ㄷ	＋ 아요 or 어요	닫다（閉める）→ 닫아요 묻다（埋める、付く）→ 묻어요 믿다（信じる）→ 믿어요
	ㄷ変／ㄷ불 ㄷ → ㄹ ＋ 아요 or 어요	깨닫다（悟る）→ 깨달아요 묻다（尋ねる）→ 물어요 듣다（聴く）→ 들어요
パッチム ㅂ	＋ 아요 or 어요	좁다（狭い）→ 좁아요 입다（着る）→ 입어요
	ㅂ変／ㅂ불 ㅂ（脱落）＋ 워요 （ㅂ が 우 に変わり 우 ＋ 어요 → 워요）	고맙다（ありがたい）→ 고마워요 맵다（辛い）→ 매워요 例外 돕다（手伝う、助ける）→ 도와요 곱다（うるわしい、美しい）→ 고와요
パッチム ㅅ	＋ 아요 or 어요	빼앗다（奪う）→ 빼앗아요 웃다（笑う）→ 웃어요
	ㅅ変／ㅅ불 ㅅ（脱落）＋ 아요 or 어요	낫다（治る）→ 나아요 젓다（かき混ぜる）→ 저어요 짓다（作る、建てる）→ 지어요
パッチム ㅎ	＋ 아요 or 어요	좋다（良い）→ 좋아요 넣다（入れる）→ 넣어요
	ㅎ変／ㅎ불 ㅎ（脱落）＋ 애요	그렇다（そうだ）→ 그래요 말갛다（清い、淡い）→ 말개요

確認しよう！

＊次の述語を丁寧な言い方「～ます」に直しましょう。

述語 40（現在形：해요体） 🎧 228

NO	辞書形	意味	敬体	NO	辞書形	意味	敬体
①	가다	行く		㉑	알다	知る	
②	걷다	歩く		㉒	오다	来る	
③	켜다	点ける		㉓	웃다	笑う	
④	끄다	消す		㉔	읽다	読む	
⑤	닫다	閉める		㉕	입다	着る	
⑥	듣다	聴く		㉖	높다	高い	
⑦	마시다	飲む		㉗	넓다	広い	
⑧	만나다	会う		㉘	좁다	狭い	
⑨	먹다	食べる		㉙	예쁘다	綺麗だ	
⑩	배우다	習う		㉚	귀엽다	可愛い	
⑪	보다	見る		㉛	깨끗하다	清い	
⑫	부르다	呼ぶ		㉜	쉽다	易しい	
⑬	살다	住む		㉝	어렵다	難しい	
⑭	사다	買う		㉞	싸다	安い	
⑮	서다	立つ		㉟	좋다	良い	
⑯	쉬다	休む		㊱	바쁘다	忙しい	
⑰	시작하다	始まる		㊲	많다	多い	
⑱	쓰다	書く		㊳	멋있다	素敵だ	
⑲	씻다	洗う		㊴	맛있다	うまい	
⑳	앉다	座る		㊵	맵다	辛い	

【注意】 ⑤ 닫다 以外 → ㄷ変則　㉕ 입다・㉘ 좁다 以外 → ㅂ変則　⑫ 부르다 → 르変則

答： ① 가요　② 걸어요　③ 켜요　④ 꺼요　⑤ 닫아요　⑥ 들어요　⑦ 마셔요　⑧ 만나요　⑨ 먹어요　⑩ 배워요
⑪ 봐요　⑫ 불러요　⑬ 살아요　⑭ 사요　⑮ 서요　⑯ 쉬어요　⑰ 시작해요　⑱ 써요　⑲ 씻어요　⑳ 앉아요
㉑ 알아요　㉒ 와요　㉓ 웃어요　㉔ 읽어요　㉕ 입어요　㉖ 높아요　㉗ 넓어요　㉘ 좁아요　㉙ 예뻐요
㉚ 귀여워요　㉛ 깨끗해요　㉜ 쉬워요　㉝ 어려워요　㉞ 싸요　㉟ 좋아요　㊱ 바빠요　㊲ 많아요　㊳ 멋있어요
㊴ 맛있어요　㊵ 매워요

＊次の丁寧語を辞書形に戻し、丁寧語 ⇔ 辞書形が自由自在に作れるように練習しましょう。

述語40（現在形：해요体）⇔ 辞書形

NO	丁寧語	意味	辞書形	NO	丁寧語	意味	辞書形
①	가요	行きます		㉑	알아요	知っています	
②	걸어요	歩きます		㉒	와요	来ます	
③	켜요	点けます		㉓	웃어요	笑います	
④	꺼요	消します		㉔	읽어요	読みます	
⑤	닫아요	閉めます		㉕	입어요	着ます	
⑥	들어요	聴きます		㉖	높아요	高いです	
⑦	마셔요	飲みます		㉗	넓어요	広いです	
⑧	만나요	会います		㉘	좁아요	狭いです	
⑨	먹어요	食べます		㉙	예뻐요	綺麗です	
⑩	배워요	習います		㉚	귀여워요	可愛いです	
⑪	봐요	見ます		㉛	깨끗해요	清いです	
⑫	불러요	呼びます		㉜	쉬워요	易しいです	
⑬	살아요	住みます		㉝	어려워요	難しいです	
⑭	사요	買います		㉞	싸요	安いです	
⑮	서요	立ちます		㉟	좋아요	良いです	
⑯	쉬어요	休みます		㊱	바빠요	忙しいです	
⑰	시작해요	始まります		㊲	많아요	多いです	
⑱	써요	書きます		㊳	멋있어요	素敵です	
⑲	씻어요	洗います		㊴	맛있어요	うまいです	
⑳	앉아요	座ります		㊵	매워요	辛いです	

【注意】 ⑤ 닫다 以外 → ㄷ変則　　㉕ 입다・㉘ 좁다 以外 → ㅂ変則　　⑫ 부르다 → 르変則

答： ① 가다　② 걷다　③ 켜다　④ 끄다　⑤ 닫다　⑥ 듣다　⑦ 마시다　⑧ 만나다　⑨ 먹다　⑩ 배우다　⑪ 보다
⑫ 부르다　⑬ 살다　⑭ 사다　⑮ 서다　⑯ 쉬다　⑰ 시작하다　⑱ 쓰다　⑲ 씻다　⑳ 앉다　㉑ 알다　㉒ 오다
㉓ 웃다　㉔ 읽다　㉕ 입다　㉖ 높다　㉗ 넓다　㉘ 좁다　㉙ 예쁘다　㉚ 귀엽다　㉛ 깨끗하다　㉜ 쉽다
㉝ 어렵다　㉞ 싸다　㉟ 좋다　㊱ 바쁘다　㊲ 많다　㊳ 멋있다　㊴ 맛있다　㊵ 맵다

チェック✓

＊「해요体」は、辞書形の語尾 다 の前のパッチム ㄷ が変則的に ㄹ に形が変わるものがあり、違う言葉が「해요体」では同じ形になることがあります。

例：듣다（聴く）→ 들어요 / 들다（持つ）→ 들어요

＊「해요体」は、辞書形の語尾 다 の前のパッチム ㅅ がなくなるものがあり、違う言葉が「해요体」では発音が似ることがあります。

例：짓다（作る）→ 지어요 / 지다（負ける）→ 져요

＊指定詞と存在詞の丁寧語（해요体）について

① この人は、会社員です。
   이 사람은 회사원이에요.
   この人は、会社員ですか。
   이 사람은 회사원이에요?

🎧 229

指定詞の丁寧語（해요体）

指定詞	意味	現在形の敬体	意味
다/이다	だ／である	예요/이에요	です
(가/이) 아니다	ではない	(가/이) 아니에요	ではありません

- 예요：「指定詞」の前の文字にパッチムがない場合
- 이에요：「指定詞」の前の文字にパッチムがある場合

「예요」と書いて、発音は「에요」

　가정주부예요（（家庭の）主婦です）/ 회사원이에요（会社員です）

- 疑問文は、最後に「?」を付けて、語尾を上げて発音します。

　가정주부예요?（（家庭の）主婦ですか）/ 회사원이에요?（会社員ですか）

💡「해요体」の否定形では、助詞「가/이」はしばしば省略されます。

　가정주부(가) 아니에요（主婦ではありません）
　회사원(이) 아니에요（会社員ではありません）

まる暗記 🎧 230

＊정말요?（本当ですか。）

- 「정말요?」は、「정말」に単に「요?」をつけた、やや丁寧な表現です。

はい、そうです。
네, 그래요.
いいえ、違います。
아뇨, 아니에요.

🎧 231

ステップアップ 🎙 232

誰が何を注文したのか、次の名詞に 이에요 または、예요 をつけましょう。

① 형 兄	② 누나 姉	③ 나 私	④ 동생 妹
불고기　焼肉	냉면　冷麺	곰탕　コムタン	설렁탕　ソロンタン

① 誰が焼肉ですか。＿＿＿＿＿＿＿＿＿＿＿＿＿　兄です。＿＿＿＿＿＿＿＿＿＿＿＿

② 誰が冷麺ですか。＿＿＿＿＿＿＿＿＿＿＿＿＿　姉です。＿＿＿＿＿＿＿＿＿＿＿＿

③ どなたがコムタンですか。＿＿＿＿＿＿＿＿＿　私です。＿＿＿＿＿＿＿＿＿＿＿＿

④ 妹もコムタンですか。＿＿＿＿＿＿＿＿＿＿＿　違います。＿＿＿＿＿＿＿＿＿＿＿

⑤ 妹はソロンタンですか。＿＿＿＿＿＿＿＿＿＿　はい、そうです。＿＿＿＿＿＿＿＿

> 答：① 누가 불고기예요?　형이에요.　② 누가 냉면이에요?　누나예요.　③ 어느 분이 곰탕이에요?　나예요.
> ④ 동생도 곰탕이에요?　아니에요.　⑤ 동생은 설렁탕이에요?　네, 그래요.

（助詞「も」は、도）

- 会話では、여동생（妹）・남동생（弟）よりは「동생（下の兄弟・姉妹）」が一般的です。

- 韓国には「～탕」の料理が多い。スープを食べる料理で、漢字で書くと「～湯」となります。しかし、「목욕탕（お風呂場、銭湯）」は、食べ物ではありません。

- 食べ方がわからないときは、「어떻게 먹어요?（どう食べますか？）」と聞いてみましょう。

まる暗記 🎙 233

（「예요」と書いて、発音は「에요」）

＊이 사람은 누구예요?（この人は誰ですか。）
＊이 분은 누구세요?（この方はどなたですか。）

- 세요 → 예요 の尊敬語

② 今日、時間あります。　　　　　　　　　　　　🎧234
　　오늘 시간 있어요.
　　今日、時間ありますか。
　　오늘 시간 있어요?

存在詞の丁寧語（해요체）

存在詞	意味	現在形の敬体	意味
있다	ある／いる	있어요	あります／います
없다	ない／いない	없어요	ありません／いません

ステップアップ 🎧235

＊次の会話を韓国語にしてみましょう。

映画チケットが2枚あります。一緒に行きましょう。
_____

すみません。時間がありません。
_____

そうですか。次の機会に一緒に行きましょう。
_____

答： 영화 티켓이 2(두)장 있어요. 같이 가요.
　　 죄송해요. 시간이 없어요.
　　 그래요? 다음 기회에 같이 가요.

まる暗記 🎧236

＊한국에도 낫토가 있어요?（韓国にも納豆がありますか。）

韓国では、主に納豆汁（청국장국）にして食べますが、最近は、健康ブームもあり、生で食べられる納豆が新たに作られ、낫토 という商品名で売られています。また、種菌や発酵器を使って手作りする人もいます。

やってみよう！ 🎧 237

1) 右の動詞を丁寧語（現在形）に変えて絵に合う文を書きましょう。

가다（行く）	그리다（描く）	듣다（聴く）
마시다（飲む）	만나다（会う）	먹다（食べる）
보다（見る）	읽다（読む）	타다（乗る）
하다（する）	치다（打つ）	

№	日本語	韓国語
①	会社に行きます。	회사에
②	家に帰ります。	집에
③	絵を描きます。	그림을
④	音楽を聴きます。	음악을
⑤	お酒を飲みます。	술을
⑥	友達に会います。	친구를
⑦	ご飯を食べます。	밥을
⑧	映画を見ます。	영화를
⑨	本を読みます。	책을
⑩	自転車に乗ります。	자전거를
⑪	地下鉄に乗ります。	지하철을
⑫	スキーをします。	스키를
⑬	話をします。	이야기를
⑭	仕事をします。	일을
⑮	テニスをします。	테니스를
⑯	ピアノを弾きます。	피아노를

答

①	가요.	⑤	마셔요.	⑨	읽어요.	⑬	해요.
②	가요.	⑥	만나요.	⑩	타요.	⑭	해요.
③	그려요.	⑦	먹어요.	⑪	타요.	⑮	쳐요.
④	들어요.	⑧	봐요.	⑫	타요.	⑯	쳐요.

2）次の文の動詞を辞書形に直し、Aに書き入れましょう。

（辞書でAの意味を調べ、Bに日本語の意味を丁寧語で書き入れましょう。）

	A	B
①	여행을 가요. →	旅行に 　　　　。
②	춤을 춰요. →	踊りを 　　　　。
③	잠을 자요. →	睡眠を 　　　　。
④	노래를 불러요. →	歌を 　　　　。
⑤	한국을 좋아해요. →	韓国が 　　　　。

Aの答え：① 가다　② 추다　③ 자다　④ 부르다　⑤ 좋아하다
Bの答え：① 旅行に行きます。　② 踊りを踊ります。　③ 睡眠を取ります（寝ます）。
　　　　④ 歌を歌います。　⑤ 韓国が好きです。

- 추다（踊る）：추어요（○）→ 춰요（○）
- 자다（寝る）：자아요（×）→ 자요（○）
- 부르다（歌う、呼ぶ）は、（르変則）なので、ㄹが加わります。부러요（×）
- 좋아해요 は、조아해요 と発音。싫어해요（嫌いです）は、시러해요 と発音します。

「ヘヨ体」では、助詞は、しばしば省略されます。

① 여행을 가요. → 여행 가요.　　② 춤을 춰요. → 춤 춰요.
③ 잠을 자요. → 잠 자요.　　　④ 노래를 불러요. → 노래 불러요.
⑤ 한국을 좋아해요. → 한국 좋아해요.

チェック✓

＊「～に行きます」は、場所を示すのか、目的を示すのかで助詞が変わります。

- 場所 ＋ に行きます：～에 가요
 ソウル（서울）、公園（공원）、遊園地（유원지）、デパート（백화점）、
 海（바다）… ＋ 에 가요
- 目的 ＋ に行きます：～를/을 가요
 （～를/을 (하)러 가요（～を(し)に行く）の縮約形）
 旅行（여행）、散歩（산책）、花見（벚꽃구경(놀이)）、買い物（쇼핑（ショッピング））、
 アルバイト（아르바이트）、水泳（수영）… ＋ 를/을 가요

場所		目的	
スキー場に行く	스키장(에) 가요.	スキーに行く	스키(를) 가요.
プールに行く	풀장(에) 가요.	泳ぎ（水泳）に行く	수영(을) 가요.
ゴルフ場に行く	골프장(에) 가요.	ゴルフに行く	골프(를) 가요.

「映画に行く」は、「映画を見に行く（영화 보러 가요.）」といいます。
「食事に行く」は、「食事をしに行く（식사 하러 가요.）」といいます。

まる暗記 🎧 238

＊주말에는 체육관에서 수영해요.（週末には、ジムで泳ぎます。）

3) 下の単語を使って絵に合う文を丁寧語で書きましょう。 🎧 239

① 良い 좋다	② 美しい 아름답다	③ 可愛い、綺麗 예쁘다	④ きれい、清潔 깨끗하다

① _____ / _____
② _____ / _____
③ _____ / _____
④ _____ / _____

天気：날씨　気持ち：기분（気分）　景色：경치　山：산　子供：아이　花：꽃
水：물　部屋：방

答：① 날씨가/기분이 좋아요.（天気が／気持ちがいいです。）② 경치가/산이 아름다워요.（景色が／山が美しいです。）
③ 아이가/꽃이 예뻐요.（子供が可愛いです。／花が綺麗です。）
④ 물이/방이 깨끗해요.（水が／部屋がきれいです。）

まる暗記 🎧 240

＊미안해요!（ごめんなさい！）　　고마워요!（ありがとう！）

子供や目下の人に対しては、미안해!（ごめんね）、고마워!（ありがとう）でOK

ステップアップ 🎧 241

次の会話を韓国語にしてみましょう。

①
- 日曜日に何をしますか。
- 買い物（に）行きます。

A：＿＿＿＿＿＿＿＿＿
B：＿＿＿＿＿＿＿＿＿

答：A：일요일에 뭐 해요?　　B：쇼핑 가요.

②
- どこへ買い物（に）行きますか。
- デパートへ（に）行きます。

A：＿＿＿＿＿＿＿＿＿
B：＿＿＿＿＿＿＿＿＿

答：A：어디로 쇼핑 가요?　　B：백화점으로 가요.

ワンポイント 助詞「로（へ）」：方向や目的地を表します。

　助詞の前に「ㄹ」以外のパッチムがあると「으로（へ）」になります。

③
- どこで、友達と会いますか。
- カフェで会います。

A：＿＿＿＿＿＿＿＿＿
B：＿＿＿＿＿＿＿＿＿

答：A：어디서 친구 만나요?　　B：카페에서 만나요.

181

④

昼に、何を食べますか。 　　昼は、食べません。　　　　A：＿＿＿＿＿　　B：＿＿＿＿＿

答：A：점심때 뭐 먹어요?　　B：점심은 안 먹어요.

- 점심때（昼のとき）が、점심에（昼に）より、一般的です。
- 「何を」は、会話では「何」

⑤

どんな韓国料理が好きですか。　　何でもみんな好きです。　　　A：＿＿＿＿＿　　B：＿＿＿＿＿

答：A：어떤 한국음식을 좋아해요?　　B：아무 음식이나 다 좋아해요.

- 「どんな」の意味で「무슨」を使うこともできます。
- 韓国語で「～が好きです」は、他動詞で、助詞は「～を」がつきます。(p.126 参考)
- 「何でも」のときの「でも」は、「나/이나」です。
  「何でも」は「どんな食べ物でも」の意味で使われているので、「아무 음식이나」になります。아무 것이나（何でも）ともいいます。
- 「아무」は、誰それ、何がし、某のように名前を指定しないときに使われる代名詞です。

まる暗記 242

＊언제 국수 먹어요?（いつ、素麺食べられますか。）

これは、「いつ、結婚しますか」の意味で、幅広く使われています。

182

第44課　接続詞「そして（그리고）」

| 〜そして、休みます。
| 〜**그리고** 쉬어요. 🔊 243

- 「그리고（そして）」は、二つ以上の内容を並べて言うときに用いる接続詞です。独立した二つ以上の文をひとつにまとめるときは、辞書形の語尾「다」の代わりに「그리고（そして）」の「고」を付けます。

＊運動をします。そして、休みます。→ 運動をして休みます。
　운동을 해요(辞書形：하다). 그리고 쉬어요. → 운동을 하고 쉬어요.
　(운동을 합니다(辞書形：하다). 그리고 쉽니다. → 운동을 하고 쉽니다.)

＊授業が終わります。そして、どこ（に）行きますか。
　→ 授業が終わってどこ（に）行きますか。
　수업이 끝나요(辞書形：끝나다). 그리고 어디 가요? → 수업이 끝나고 어디 가요?
　(수업이 끝납니다(辞書形：끝나다). 그리고 어디 갑니까? → 수업이 끝나고 어디 갑니까?)

まる暗記　🔊 244

＊**불을 끄고 자요.**（電気を消して寝ます。）

- 「불」は「火」を意味しますが、ここでは「電気（전기）」の意味で使われています。
「불고기（焼肉）→ 불（火）고기（肉）」、「불조심 → 火の用心」

やってみよう！ 🎧 245

次の絵を見て文を繋ぎましょう。

歯 이 磨く 닦다	顔 얼굴 洗う 씻다	化粧 화장 する 하다	髪 머리 とかす 빗다	パジャマ 잠옷 着替える 갈아입다

① 이를 닦아요. 그리고 얼굴을 씻어요. → _____

② 얼굴을 씻어요. 그리고 화장을 해요. → _____

③ 화장을 해요. 그리고 머리를 빗어요. → _____

④ 머리를 빗어요. 그리고 잠옷을 갈아입어요. → _____

答：① 이를 닦고 얼굴을 씻어요.（歯を磨いて顔を洗います。）
　　② 얼굴을 씻고 화장을 해요.（顔を洗って化粧をします。）
　　③ 화장을 하고 머리를 빗어요.（化粧をして髪をとかします。）
　　④ 머리를 빗고 잠옷을 갈아입어요.（髪をとかしてパジャマを着替えます。）

💡 述語の活用形は、必ず、辞書形から作ります。

　　닦아요 → 닦아고（×）　　닦습니다 → 닦습고（×）

　　辞書形が「닦다（磨く）」なので「닦고」になります。

　　씻어요、해요、빗어요 も辞書形に戻してから、語尾「다」→「고」をつけましょう。

- 「이를 닦아요(닦습니다)」は、「양치질을 해요(합니다)」ともいいます。
- 「닦다」は、「磨く」や「拭く」の意味があり「구두를 닦다（靴を磨く）」、「도를 닦다（心身を磨く／道をきわめる）」、「(창문(유리창)을 닦다（窓（窓ガラス）を拭く）」、「얼굴을 닦다（顔を拭く）」、「땀을 닦다（汗を拭く）」、「안경을 닦다（眼鏡を拭く）」「식탁을 닦다（食卓を拭く）」、「마루를 닦다（床を拭く）」など、使い方は多様です。
- 「얼굴을 씻어요(씻습니다)」は、「세수를 해요(합니다)：洗顔をします」ともいいます。
- 「머리」は、「頭」や「髪」の意味で使われます。「髪の毛」は「머리카락」ですが、約して「머리」といいます。「머리 잘라주세요」は「髪を切ってください」の意味ですので、腰を抜かさないでください。ちなみに「髪の毛が多いですね」は「머리숱이 많아요」、「頭がいいですね」は、「머리가 좋아요」といいます。

第45課 | 数詞を使ったフレーズ（해요체）

① 月曜日から金曜日まで韓国に行きます。 🎧 246
월요일부터 금요일까지 한국에 가요.

〜から〜まで（時間、期間をいうとき）〜부터 〜까지

やってみよう！ 🎧 247

1) 次の絵に合う答えを韓国語で書きましょう。

「예요」と書いて、発音は「에요」

Q1 여름방학은 언제부터 언제까지예요?
　（夏休みはいつからいつまでですか。）

A1 _____

Q2 며칠부터 며칠까지 휴가예요? （8月15日〜1週間）
　（何日から何日まで休暇ですか。）

A2 _____

🌸「며칠까지 놀아요?」も「며칠까지 쉬어요?」も「何日まで休みですか」の意味。
　「놀다（遊ぶ）」には、「休む」や「休職中」、「失業中」などの意味があります。

答：A1 여름방학은 7(칠)월 20(이십)일부터 8(팔)월 31(삼십일)일까지예요. （夏休みは7月20日から8月31日までです。）
　　A2 휴가는 8(팔)월 15(십오)일부터 1(일)주일간이에요. （休暇は8月15日から1週間の間です。）

🌸 [방학（放学）]は、学校の夏・冬・春休みのことをいいます。
　会社員がいう「夏休み」は、「휴가（休暇）」や「바캉스（バカンス）」

まる暗記 🎧 248

＊거기는 몇 시부터 영업해요? （そちらは、何時から営業しますか。）
＊8 시부터요. （8時からです。）

🌸 8(여덟)시부터요の「요」→ やや丁寧な表現　　🌸 여덟 は、여덜 と発音

2) 次の看板を見て質問に答えましょう。 🎧249

한국 내과
（韓国内科）
진료시간 AM9:00～PM8:00
（診療時間）
점심시간 PM12:30～PM3:30
（昼休み）
휴진（休診）토・일, 공휴일

Q1 : 점심시간은 몇 시부터 몇 시까지예요?

A1 : _____

Q2 : 토요일도 진료해요?

A2 : _____

答：A1：오후 열두 시 반(삼십분)부터 세 시 반(삼십분)까지예요.
　　A2：토요일은 안 해요. 휴일이에요.

日本語訳

Q1：昼休みは、何時から何時までですか。
A1：午後12時半（30分）から3時半（30分）までです。
Q2：土曜日も診療しますか。
A2：土曜日はしません。休日です。

「부터」は、順序を表す時も使われます。

전화로 확인부터 해요 → 電話で、まず、確認します。

「확인부터 해요」は直訳すると「確認からします」となりますが、「먼저 확인해요.（まず、確認します）」の意味でよく使われます。

② | 家**から**学校**まで**電車で30分かかります。
　　집**에서** 학교**까지** 전철로 30분 걸려요.　🎧250

〜から〜まで（場所をいうとき）〜에서 〜까지

- 「걸려요（かかります）」の辞書形は「걸리다（かかる）」。
  「합니다体」は「걸립니다（かかります）」になります。
- 助詞「で」は、方法、手段、道具を表すときは、〜로/으로 を使います。
  助詞の前の文字にパッチムがないとき、または、ㄹパッチム：〜로
  助詞の前の文字にㄹ以外のパッチムがあるとき：〜으로
- 「전철」は、漢字で「電鉄」と書きます。

186

やってみよう！

1) 次の絵を見て質問に答えましょう。 🔊 251

한국 내과
(韓国内科)

강남역에서 도보 5분

Q1：강남역에서 병원까지 얼마나 걸려요?

A1：_____

Q2：강남역에서 걸어서 몇 분 걸려요?

A2：_____

答：A1：도보로 5(오)분 걸려요.　　A2：걸어서 5(오)분 걸려요.

日本語訳

Q1：カンナム駅から病院までどのくらいかかりますか。　　A1：徒歩で5分かかります。
Q2：カンナム駅から歩いてどのくらいかかりますか。　　A2：歩いて5分かかります。

2) 次の絵に合う答えに○を付けましょう。

（地下鉄で30分）

집에서 회사까지 얼마나 걸려요?
（家から会社までどのくらいかかりますか。）

① 비행기로 한시간 걸려요.
② 지하철로 삼십분 걸려요.
③ 배로 사십오분 걸려요.
④ 차로 이십분 걸려요.

答：②
日本語訳：① 飛行機で1時間かかります。　② 地下鉄で30分かかります。
　　　　　③ 船で45分かかります。　　　　④ 車で20分かかります。

まる暗記 🔊 252

＊집에서 역까지 자전거로 7분 걸려요.
（家から駅まで自転車で7分かかります。）

187

第46課 | 現在形の否定形（해요体）

| ～しません
| 안 해요 / 하지 않아요

🔊 253

★ 動詞・形容詞の否定形は、二通りあります。
- 前置否定形：안 ＋ 動詞・形容詞
- 後置否定形：動詞・形容詞の語幹 ＋ 지 않다（～（し）ない／～くない）
  　　　　　　　動詞・形容詞の語幹 ＋ 지 않아요（～（し）ません／～くありません）

（前置否定形は、述語の前に「안」を加えるだけであり、後置否定形は、辞書形の語尾「～다」の代わりに「～지 않다」や「～지 않아요」を付けます。）

- 「안 해요」は、「아내요」と発音します。
- 「～지 않아요」は、「～지 아나요」と発音します。

💡「해요体」は、日常的な打ち解けた会話によく使われるため、前置否定形が一般的です。

1. 前置否定形

	前置否定形（辞書形）	前置否定形（丁寧語）	日本語
서울에	안 살다	서울에 안 살아요.	ソウルに住んでいません。
옷을	안 사다	옷을 안 사요.	服を買いません。
구두를	안 팔다	구두를 안 팔아요.	靴を売っていません。
김치가	안 맵다	김치가 안 매워요.	キムチが辛くありません。
회사에	안 가다	회사에 안 가요.	会社に行きません。
회사에서	회의 안 하다	회사에서 회의 안 해요.	会社で会議をしません。
키가	안 크다	키가 안 커요.	背が高くありません。

- 動詞「名詞 ＋ します（해요）」の場合は、「名詞 ＋ 안 ＋ 해요」となります。
  안 회의해요（×）
- 日本語では「～（し）ている」と表現するものでも、韓国語では現在形で用いる方が自然な場合が多くあります。ただ、現在進行形で表しても間違いではありません。

2. 後置否定形

	辞書形	後置否定形（辞書形）	後置否定形（丁寧語）
서울에	살다	살지 않다	서울에 살지 않아요.
옷을	사다	사지 않다	옷을 사지 않아요.
구두를	팔다	팔지 않다	구두를 팔지 않아요.
김치가	맵다	맵지 않다	김치가 맵지 않아요.
회사에	가다	가지 않다	회사에 가지 않아요.
회사에서	회의하다	회의하지 않다	회사에서 회의하지 않아요.
키가	크다	크지 않다	키가 크지 않아요.

やってみよう！

次の絵を見て日本語に直しましょう。

① 남자는 하이힐을 안 신어요.
② 남자는 스커트를 입지 않아요.
③ 여자는 수염을 안 길러요.
④ 여자는 넥타이를 매지 않아요.

신다：履く　　입다：着る　　기르다：生やす、育てる　　매다：締める

① _____
② _____
③ _____
④ _____

答：① 男性は、ハイヒールを履きません。
　　② 男性は、スカートを履きません。（韓国語では、スカートやズボンは着るといいます。）
　　③ 女性は、ひげを生やしません。
　　④ 女性は、ネクタイを締めません。

まる暗記 🎧 254

*카드는 안 돼요.（カードは使えません。）

第47課　現在形の不可能や能力の有無を表す（해요体）

～できません
못 해요 / ～하지 못해요

「못해요」→「모태요」と発音

255

★動詞の不可能形は、二通りあります。

- 前置不可能形：못 ＋ 動詞　（안 の代わりに 못 を付けます）
- 後置不可能形：動詞の語幹 ＋ 지 못해요　（～지 않아요 → ～지 못해요 を付けます）
- 不可能を示す文型の助詞は、「～ができません」→「～をできません」となります。

やってみよう！

次の絵を見て日本語に直しましょう。

① 남자는 비키니를 못 입어요.
② 남자는 아이를 낳지 못해요. 
③ 여자는 수염을 못 길러요. 
④ 여자는 자동차 레이스를 못 해요. 

입다：着る　　낳다：産む　　기르다：生やす、育てる　　하다：する

① _____
② _____
③ _____
④ _____

- 「못 입어요」→「입～」に ㄴ が加わることで、鼻音化し「몬니버요」と発音します。
- 「낳지 못해요」のように後置不可能形「～지 못해요」になっている場合は、「못」と「해요」はくっつけて書きます。

答：① 男性は、ビキニを着れません。　② 男性は、子供が産めません。
　　③ 女性は、ひげを生やせません。　④ 女性は、カーレースができません。

まる暗記　256

＊그렇게는 못 해요.（そのようにはできません。）

第12章　状態の持続を表す「～ている」の表現

　第3部の第8章で、動作の進行を表す「～고 있습니다」を勉強しましたが、ここでは、動作完了状態の持続を表す「～아/어 있습니다」を紹介しましょう。どちらの文型を使うかは、動詞の種類によって違ってきます。中には両方の使い方をする動詞もあり、ここでは、その区別をわかりやすく説明します。

第48課　～ています。～아/어 있습니다. / ～아/어 있어요.

財布にお金が入っています。
지갑에 돈이 들어 있습니다. 〈합니다体〉
지갑에 돈이 들어 있어요. 〈해요体〉

- 「지갑에 돈이 들어 있어요」は、状態の持続を表すので「지갑에 돈이 들고 있어요」のようには言わないので注意しましょう。
- 「～아/어 있습니다(있어요)」の形をとる動詞は状態を表す自動詞（目的語を必要としない動詞）や受動態が多いです。

★辞書形から常体「～아/어 있다（～ている）」を作る★

- 語尾「다」の前の母音が陽母音の場合：語尾「다」をとって「～아 있다」をつけます。
- 語尾「다」の前の母音が陰母音の場合：語尾「다」をとって「～어 있다」をつけます。

チェック✓

もっと簡単に「～している（状態の持続）」を作る方法

＊「～している」：「해요体」の現在形語尾「～요」をとって「있다」を付けます。
　붙다（付く）→ 붙어요（付きます）→ 붙어 있다（付いている）

＊「～しています」：「해요体」の現在形語尾「～요」をとって「있습니다(있어요)」を付けます。
　붙다（付く）→ 붙어요（付きます）→ 붙어 있습니다 / 있어요（付いています）

確認しよう！

＊次の動詞を「～아/어 있습니다/있어요」の形に書きましょう。

NO	辞書形	敬体	NO	辞書形	敬体
①	놓이다 置かれる		⑥	쓰이다 書かれる	
②	들다 入る		⑦	안기다 抱かれる	
③	붙다 付く		⑧	앉다 座る	
④	비다 空く		⑨	잠기다 締まる	
⑤	서다 立つ		⑩	성공하다 成功する	

答

NO	日本語	韓国語	NO	日本語	韓国語
①	置いてあります	놓여 있습니다 놓여 있어요	⑥	書いてあります	쓰여 있습니다 쓰여 있어요
②	入っています	들어 있습니다 들어 있어요	⑦	抱かれています	안겨 있습니다 안겨 있어요
③	付いています	붙어 있습니다 붙어 있어요	⑧	座っています	앉아 있습니다 앉아 있어요
④	空いています	비어 있습니다 비어 있어요	⑨	締まっています	잠겨 있습니다 잠겨 있어요
⑤	立っています	서 있습니다 서 있어요	⑩	成功しています	성공해 있습니다 성공해 있어요

［発音上の注意］

- ①「놓여」は、「노여」と発音します。
- ⑧「앉아」は、「안자」と発音します。

> 「서다」は「서고 있어요（立つ途中です）」、「앉다」は「앉고 있어요（座る途中です）」という使い方もできますが、使う場面は限られます。

まる暗記 🎧258

＊금연이라고 쓰여 있어요.（禁煙と書いてあります。）

やってみよう！ 🎧259 해요체

次の絵に合う文を作りましょう。

| ① 식탁 위
食卓の上
화병 花瓶
놓이다 置かれる | ② 냉장고 안
冷蔵庫の中
우유 牛乳
들다 入る | ③ 방 部屋
비다 空く | ④ 의자 椅子
앉다 座る | ⑤ 아기
赤ちゃん
안기다
抱かれる |

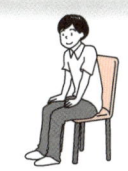

① _____
② _____
③ _____
④ _____
⑤ _____

答：① 식탁 위에 화병이 놓여 있어요. ② 냉장고 안에 우유가 들어 있어요. ③ 방이 비어 있어요.
④ 의자에 앉아 있어요. ⑤ 아기가 안겨 있어요.

第49課　～ている途中です。(～고 있습니다(있어요).) と　～ています。(～아/어 있습니다(있어요).) の違いについて

韓国に行っている途中です（向かっています）。
한국에 가고 있습니다(있어요).
韓国に行っています。
한국에 가 있습니다(있어요).

- 「한국에 가고 있습니다」は動作が進行中で、乗り物に乗って韓国に行く途中を表します。
- 「한국에 가 있습니다」は動作の結果、韓国に滞在している状態を表します。

確認しよう！

＊次の動詞を「고 있어요」と「아/어 있어요」両方の形に書きましょう。

NO	辞書形	敬体	NO	辞書形	敬体
①	가다 行く		⑧	뜨다 浮かぶ	
②	나오다 出てくる		⑨	숨다 隠れる	
③	녹다 溶ける		⑩	쌓이다 積もる	
④	눕다 横になる		⑪	열리다 開く	
⑤	닫히다 閉まる		⑫	오다 来る	
⑥	되다 なる		⑬	켜지다 灯る	
⑦	떨어지다 落ちる		⑭	피다 咲く	

答

NO	日本語	韓国語	NO	日本語	韓国語
①	行く途中です 行っています	가고 있어요 가 있어요	⑧	浮かびつつあります 浮かんでいます	뜨고 있어요 떠 있어요
②	出てくる途中です 出てきています	나오고 있어요 나와 있어요	⑨	隠れる途中です 隠れています	숨고 있어요 숨어 있어요
③	溶けつつあります 溶けています	녹고 있어요 녹아 있어요	⑩	積もりつつあります 積もっています	쌓이고 있어요 쌓여 있어요
④	横になりつつあります 横になっています	눕고 있어요 누워 있어요	⑪	開きつつあります 開いています	열리고 있어요 열려 있어요
⑤	閉まりつつあります 閉まっています	닫히고 있어요 닫혀 있어요	⑫	来る途中です 来ています	오고 있어요 와 있어요
⑥	なりつつあります なっています	되고 있어요 되어 있어요	⑬	灯りつつあります 灯っています	켜지고 있어요 켜져 있어요
⑦	落ちつつあります 落ちています	떨어지고 있어요 떨어져 있어요	⑭	咲きつつあります 咲いています	피고 있어요 피어 있어요

[発音上の注意]

- ③, ④, ⑨ は、パッチムの影響を受けて、「고」が濃音「꼬」に発音されます。
- ⑤「닫히고」は「다치고」、「닫혀」は「다쳐」と発音します（p.55 口蓋音化参考）。
- ⑩「쌓이고」は「싸이고」、「쌓여」は「싸여」と発音します（p.49 ③参考）。

やってみよう！ 🎧 261

1) 次の絵に合う文を作りましょう。

① 얼음　氷 녹다　溶ける	② 방　部屋 눕다　横になる	③ 꽃잎　花びら 떨어지다　落ちる	④ 눈　雪 쌓이다　積もる
⑤ 해　太陽 뜨다　浮かぶ／昇る	⑥ 해　太陽 뜨다　浮かぶ／昇る	⑦ 벚꽃　桜 피다　咲く	⑧ 벚꽃　桜 피다　咲く

① _____

② _____

③ _____

④ _____

⑤ _____

⑥ _____

⑦ _____

⑧ _____

> 꽃잎 は、「꼰닙」と発音

答：① 얼음이 녹고 있어요.　② 방에 누워 있어요.　③ 꽃잎이 떨어지고 있어요.　④ 눈이 쌓여 있어요.
　　⑤ 해가 뜨고 있어요.　⑥ 해가 떠 있어요.　⑦ 벚꽃이 피고 있어요.　⑧ 벚꽃이 피어 있어요.

まる暗記　🎧 262

*예약이 되어 있어요? （予約になっていますか。）

2) 次の疑問文の意味を書きましょう。

① 어디서 한국말을 배우고 있어요?

_____

② 저 가게는 어떤 물건을 팔고 있어요?

_____

③ 어디에 가격이 붙어 있어요?

_____

④ 누가 집 앞에 서 있어요?

_____

⑤ 언제부터 문이 잠겨 있었어요?

_____

⑥ 누구 만나고 있었어요?

_____

⑦ 왜 안 자고 있었어요?

_____

⑧ 지갑에 돈이 얼마나 들어 있었어요?

_____

答：① どこで韓国語を習っていますか。　② あの店は、どんな品物を売っていますか。
　　③ どこに値段が付いていますか。　④ 誰が、家の前に立っていますか。
　　⑤ いつからドアが締まっていましたか。　⑥ 誰（に）会っていましたか。
　　⑦ なぜ、寝ないでいましたか。　⑧ 財布にお金がどのくらい入っていましたか。

✿ ⑤⑥⑦⑧の「있었어요」は「있어요」の過去形。

3) 次の会話の意味を書きましょう。

👨 : 저는 지금 서울에서 한국어를 배우고 있습니다.

_____

👩 : 그러면 회사에 안 다니고 있어요?

_____

👨 : 네 회사는 쉬고 있습니다. 일은 안 하고 있습니다.

_____

| 答：👨：私は、今ソウルで韓国語を習っています。 |
| 👩：では、会社には行っていませんか。 |
| 👨：はい、会社は休んでいます。仕事はしていません。 |

まる暗記 🎧 263

＊기다리고 있었어요.（お待ちしていました。）

第13章　願望を表す「〜たい」の表現

　自分の願望や人の希望を聞く表現として、「〜고 싶다（〜（し）たい）」があります。この文型の作り方は、動作の進行を表す「〜고 있다（〜（し）ている）」に非常に似ています。

第50課　〜たいです。〜고 싶습니다. / 〜고 싶어요.

ご飯を食べたいです。
밥을 먹고 싶습니다. ◁합니다体
밥을 먹고 싶어요. ◁해요体

🎧 264

✿「〜（し）たい」は、助詞「を（를/을）」をつけるのが一般的ですが、助詞「が（가/이）」をつけて「他でもなく、ご飯が食べたい『밥이 먹고 싶다』」というように、やりたいことを強調・特定することもできます。

★辞書形から常体「〜고 싶다（〜たい）」を作る★

辞書形の語尾「〜다」をとって「〜고 싶다」を付けます。
（敬体は「〜고 싶다」→「〜고 싶습니다/싶어요（〜たいです）」）

✿「싶다」→「십따」、「싶습니다」→「십씀니다」、「싶어요」→「시퍼요」と発音します。

ワンポイント 「〜고 있다（〜している）」と「〜고 싶다（〜したい）」について

데이트를 하고 있다. 데이트를 하고 있다. ／데이트를 하고 싶다. 데이트를 하고 싶다.

데이트를 하고 있습니다. 데이트를 하고 있습니다.
데이트를 하고 싶습니다. 데이트를 하고 싶습니다.

昼寝をしている。낮잠을 자고 있다. ／昼寝をしたい。낮잠을 자고 싶다.

昼寝をしています。낮잠을 자고 있습니다.
昼寝をしたいです。낮잠을 자고 싶습니다.

確認しよう！

*次の動詞を「〜고 싶습니다/싶어요」の形に書きましょう。

NO	辞書形	敬体	NO	辞書形	敬体
①	가다 行く		⑪	배우다 習う	
②	걷다 歩く		⑫	보다 見る	
③	놀다 遊ぶ		⑬	사다 買う	
④	되다 なる		⑭	살다 住む	
⑤	드리다 差し上げる		⑮	쉬다 休む	
⑥	듣다 聴く		⑯	앉다 座る	
⑦	만나다 会う		⑰	알다 知る	
⑧	만들다 作る		⑱	주다 あげる	
⑨	먹다 食べる		⑲	타다 乗る	
⑩	믿다 信じる		⑳	하다 する	

答

NO	辞書形意味	敬体	NO	辞書形意味	敬体
①	行きたいです	가고 싶습니다 가고 싶어요	⑪	習いたいです	배우고 싶습니다 배우고 싶어요
②	歩きたいです	걷고 싶습니다 걷고 싶어요	⑫	見たいです	보고 싶습니다 보고 싶어요
③	遊びたいです	놀고 싶습니다 놀고 싶어요	⑬	買いたいです	사고 싶습니다 사고 싶어요

④	なりたいです	되고 싶습니다 되고 싶어요	⑭	住みたいです	살고 싶습니다 살고 싶어요
⑤	差し上げたいです	드리고 싶습니다 드리고 싶어요	⑮	休みたいです	쉬고 싶습니다 쉬고 싶어요
⑥	聴きたいです	듣고 싶습니다 듣고 싶어요	⑯	座りたいです	앉고 싶습니다 앉고 싶어요
⑦	会いたいです	만나고 싶습니다 만나고 싶어요	⑰	知りたいです	알고 싶습니다 알고 싶어요
⑧	作りたいです	만들고 싶습니다 만들고 싶어요	⑱	あげたいです	주고 싶습니다 주고 싶어요
⑨	食べたいです	먹고 싶습니다 먹고 싶어요	⑲	乗りたいです	타고 싶습니다 타고 싶어요
⑩	信じたいです	믿고 싶습니다 믿고 싶어요	⑳	したいです	하고 싶습니다 하고 싶어요

［発音上の注意］

- ②, ⑥, ⑨, ⑩, ⑯ は、パッチムの影響を受けて、「고」が濃音「꼬」に発音されます。

やってみよう！ 🎧 265

1) 次の絵に合う文を作りましょう。

① 担当者 담당자 会う 만나다	② 花束 꽃다발 差し上げる 드리다	③ のり巻 김밥 注文する 시키다	④ 舞踊 무용 習う 배우다	⑤ ブランド品 명품 買う 사다

① _____
② _____
③ _____
④ _____
⑤ _____

答：① 담당자를 만나고 싶어요.　② 꽃다발을 드리고 싶어요.　③ 김밥을 시키고 싶어요.
　　④ 무용을 배우고 싶어요.　⑤ 명품을 사고 싶어요.

- 「～に会う」→「～를/을 만나다」p.123 参考
- ⑤ は、助詞「を（를/을）」をつけるのが自然ですが、助詞「が（가/이）」をつけて、やりたいことを強調・特定することもできます。

> **まる暗記** 🎧 266

> ＊오빠가 보고 싶어요．（お兄さんに逢いたいです。）

- 女性は兄を「오빠」といい、男性は兄を「형」といいます。
  韓国では親しい間柄に対して家族の呼称で呼び合う習慣があります。それにまして最近は、女性が先輩、恋人、連れ合いを「오빠」と呼ぶ風潮が広がっています。

★「〜に会（逢）いたい」の使い方★

- 〜를/을 만나고 싶다（〜に（を）会いたい）
  この場合の助詞は「に（에）」ではなく、「を（를/을）」がつきます。
  「오빠를 만나고 싶어요．（お兄さんに会いたいです。）」は、兄に会える状況にいて、実際会って話したいという意味で使われます。すなわち、人と「会う（만나다）」ことが前提にあります。
  疑問形は「누구를 만나고 싶어요？（誰に会いたいですか。）」 누가（×）〜

- 〜가/이 보고 싶다（〜に（が）逢いたい）
  この場合の助詞は「に（에）」ではなく、「が（가/이）」がつきます。
  人に対して用いる「보고 싶다」は、会えない人に「思いこがれる」意味で使われます。
  「오빠가 보고 싶어요．（お兄さんに逢いたいです。）」は、兄に会えない状況にいて「一目会いたい」と思いをはせることをいいます。
  疑問形は「누가 보고 싶어요？（誰に逢いたいですか。）」 누구를（×）〜

- 〜를/을 만나보고 싶다（〜に（を）会ってみたい）
  この場合の助詞は「に（에）」ではなく、「を（를/을）」がつきます。
  例：아이돌 가수를 만나보고 싶어요．（アイドル歌手に会ってみたいです。）

💡 人以外の対象に使われる「보고 싶다」は、文字通りに「見たい」の意味になります。この場合の助詞は、「を（를/을）」でも「が（가/이）」でも使うことができます。
  例：스포츠 프로그램을 보고 싶다．（スポーツ番組を見たい。）
    한국드라마가 보고 싶다．（韓国ドラマが見たい。）

2) 次の絵を見て、質問に合う答えを探しましょう。

何が一番したいですか。
뭐가 제일 하고 싶어요? 🔊 267

① 춤을 제일 추고 싶어요?　　　　네　　아뇨
（踊りを一番踊りたいですか。）

② 집에 제일 오고 싶어요?　　　　네　　아뇨
（家に一番来たいですか。）

③ 노래를 제일 부르고 싶어요?　　네　　아뇨
（歌を一番歌いたいですか。）

④ 제일 놀고 싶어요?　　　　　　네　　아뇨
（一番遊びたいですか。）

答：① 네　② 아뇨　③ 아뇨　④ 아뇨

まる暗記 🔊 268

＊어디로 신혼여행 가고 싶어요?（どこへ新婚旅行行きたいですか。）

第51課 〜たくありません。〜고 싶지 않습니다. / 고 싶지 않아요.

ご飯は食べたくありません。
밥은 먹고 싶지 않습니다. / 싶지 않아요.

🔊 269

やってみよう！ 🔊 270

[_____고 싶지 않아요.]

絵を見て「____たくありません。」の文を作りましょう。

① 言い訳する 변명하다	② 知る 알다	③ 失敗する 실패하다	④ 起きる 일어나다	⑤ 訳をたずねる 이유를 묻다

① _____
② _____
③ _____
④ _____
⑤ _____

答：① 변명하고 싶지 않아요.　② 알고 싶지 않아요.　③ 실패하고 싶지 않아요.
　　④ 일어나고 싶지 않아요.　⑤ 이유를 묻고 싶지 않아요.

💡 文末につく「싶다/싶지 않다」は形容詞であり、後置否定形が一般的ですが、会話では述語の前に「안」を加える前置否定形もしばしば使われます。

　밥은 먹고 싶지 않습니다. → 밥은 안 먹고 싶습니다.
　변명하고 싶지 않아요. → 변명 안 하고 싶어요.

まる暗記 🔊 271

＊아무데도 가고 싶지 않아요. （どこにも行きたくありません。）

第52課　～たかったです。～고 싶었습니다. / ～고 싶었어요.

医者になりたかったです。　🔊272
의사가 되고 싶었습니다. / 되고 싶었어요.

- 日本語の「名詞 + になる」は、韓国語では「～가/이 되다（～がなる）」といいます。
- 「싶습니다」の過去形は「싶었습니다」
- 「싶어요」の過去形は「싶었어요」

やってみよう！ 🔊273

何になりたかったですか。
뭐가 되고 싶었어요?

[_____ 가/이 되고 싶었어요.]

上の質問に対して、絵を見て「_____なりたかったです。」の文を作りましょう。

① サラリーマン	 ② 技術者	 ③ 教師	 ④ 金持ち	 ⑤ 薬剤師
샐러리맨	기술자	교사	부자	약사

① _____
② _____
③ _____
④ _____
⑤ _____

答：① 샐러리맨이 되고 싶었어요.　② 기술자가 되고 싶었어요.　③ 교사가 되고 싶었어요.
　　④ 부자가 되고 싶었어요.　⑤ 약사가 되고 싶었어요.

まる暗記 🔊274

*어떤 일을 하고 싶었어요?（どんな仕事がしたかったですか。）

205

ステップアップ 🎧 275

次の単語パズルを組み合わせて、三つの文を作りましょう。

> 어디에　어떤　사고　살고　받고　뭐　옷을　크리스마스때

① _____ 싶었어요?

② _____ 싶었어요?

③ _____ 싶었어요?

答：① 어디에 살고 싶었어요?（どこに住みたかったですか。）
　　② 어떤 옷을 사고 싶었어요?（どんな服を買いたかったですか。）
　　③ 크리스마스때 뭐 받고 싶었어요?（クリスマスに何をもらいたかったですか。）

まる暗記 🎧 276

＊반지를 선물받고 싶었어요.
（指輪をプレゼントしてもらいたかったです。）

第53課

～たくありませんでした。
～고 싶지 않았습니다. / ～고 싶지 않았어요.

| ご飯は食べたくありませんでした。 🔊277
| 밥은 먹고 싶지 않았습니다. / 싶지 않았어요.

やってみよう！ 🔊278

[＿＿＿＿＿＿＿＿＿고 싶지 않았어요.]

絵を見て「＿＿＿たくありませんでした。」の文を作りましょう。

| ① 言い訳する
변명하다 | ② 知る
알다 | ③ 失敗する
실패하다 | ④ 起きる
일어나다 | ⑤ 訳をたずねる
이유를 묻다 |

① ＿＿＿＿＿＿＿＿＿＿＿＿＿＿＿＿＿＿＿＿

② ＿＿＿＿＿＿＿＿＿＿＿＿＿＿＿＿＿＿＿＿

③ ＿＿＿＿＿＿＿＿＿＿＿＿＿＿＿＿＿＿＿＿

④ ＿＿＿＿＿＿＿＿＿＿＿＿＿＿＿＿＿＿＿＿

⑤ ＿＿＿＿＿＿＿＿＿＿＿＿＿＿＿＿＿＿＿＿

> 答： ① 변명하고 싶지 않았어요.　② 알고 싶지 않았어요.　③ 실패하고 싶지 않았어요.
> ④ 일어나고 싶지 않았어요.　⑤ 이유를 묻고 싶지 않았어요.

まる暗記 🔊279

＊헤어지고 싶지 않았어요. （別れたくありませんでした。）

第14章 述語の過去形「해요体」のフレーズ

「해요体」の過去形は、極めて簡単です。過去形は、【常体】を作るとき苦労した分、ご褒美が二つついてきます。

その一つは、【過去形の常体】の語尾「다」の代わりに「습니다」をつければ、簡単に【過去形の敬体「합니다体」】が作れること。もう一つは、【過去形の常体】の語尾「다」の代わりに「어요」をつければ、簡単に【過去形の敬体「해요体」】が作れることです。

第54課 述語の過去形（해요体）　🎧 280

★過去形の丁寧語（해요体）★

「해요体」の現在形「〜요」→「ㅆ어요」でもOK（指定詞以外）

NO	辞書形	過去形の常体	過去形の敬体
①	가다（行く）	갔다	갔어요
②	걷다（歩く）	걸었다	걸었어요
③	닫다（閉める）	닫았다	닫았어요
④	마시다（飲む）	마셨다	마셨어요
⑤	만나다（会う）	만났다	만났어요
⑥	먹다（食べる）	먹었다	먹었어요
⑦	보다（見る）	봤다	봤어요
⑧	부르다（呼ぶ）	불렀다	불렀어요
⑨	살다（住む）	살았다	살았어요
⑩	사다（買う）	샀다	샀어요
⑪	시작하다（始まる）	시작했다	시작했어요
⑫	쓰다（書く）	썼다	썼어요
⑬	읽다（読む）	읽었다	읽었어요
⑭	입다（着る）	입었다	입었어요
⑮	높다（高い）	높았다	높았어요
⑯	아름답다（美しい）	아름다웠다	아름다웠어요
⑰	바쁘다（忙しい）	바빴다	바빴어요
⑱	많다（多い）	많았다	많았어요
⑲	멋있다（素敵だ）	멋있었다	멋있었어요
⑳	재미있다（面白い）	재미있었다	재미있었어요

＊指定詞と存在詞の過去形（敬体）について

① その人は金持ちでした。
　 그 사람은 부자였어요.
　 その人は金持ちでしたか。
　 그 사람은 부자였어요?

指定詞の過去形（해요体）

指定詞	意味	過去形の常体	過去形の敬体
다/이다	だ／である	였다/이었다	였어요/이었어요
(가/이) 아니다	ではない	(가/이) 아니었다	(가/이) 아니었어요

🌼 였어요 は前の文字にパッチムがない場合、이었어요 は前の文字にパッチムがある場合。

축구선수**였어요**.（サッカー選手でした。）／축구감독**이었어요**.（サッカーの監督でした。）

💡「해요体」の否定形では、助詞「가/이」はしばしば省略されます。

축구선수(가) 아니었어요.（サッカー選手ではありませんでした。）

（아니었어요 は、会話では縮約して「 아녔어요 」といいます。）

まる暗記　282

＊그랬어요?（そうでしたか。）

② 休日は家にいました。
　 휴일에는 집에 있었어요.
　 休日は家にいましたか。
　 휴일에는 집에 있었어요?

存在詞の過去形（해요体）

存在詞	意味	過去形の常体	過去形の敬体
있다	ある／いる	있었다	있었어요
없다	ない／いない	없었다	없었어요

209

> **まる暗記** 🔊 284
>
> *그냥 집에 있었어요. (家でごろごろしていました。)

ステップアップ ✏️

風景 A が最近 B のように変わってしまいました。
B を見て A の風景を思い出す文章の後ろ部分を書き入れましょう。

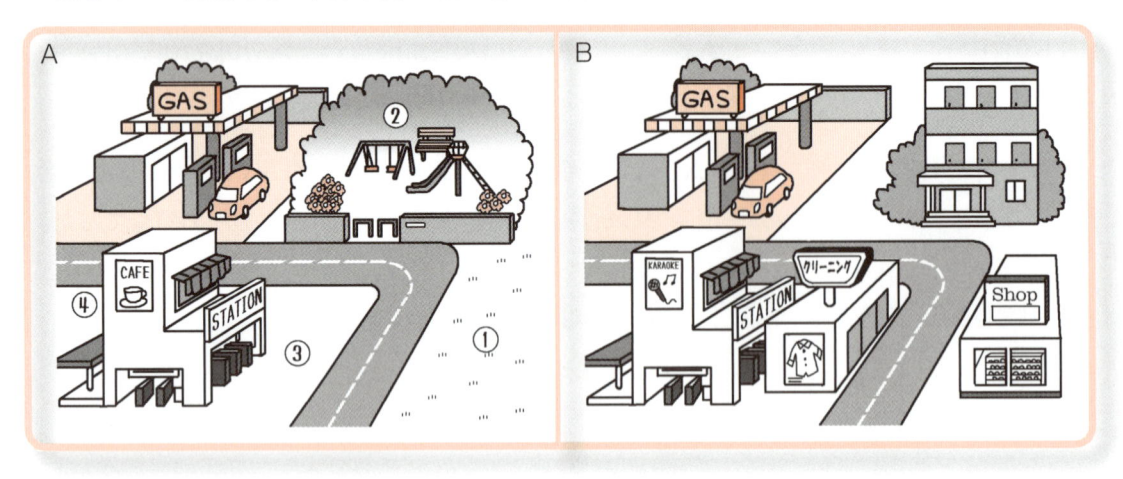

① 전에는 도로 옆에 _____.

② 전에는 주유소 오른쪽에 _____.

③ 역 앞에 세탁소는 _____.

④ 역 2(이) 층에 _____.

答：① 아무것도 없었어요.   ② 공원이 있었어요.   ③ 없었어요.   ④ 찻집이 있었어요.

日本語訳

① 前は、道路の脇に何もありませんでした。(전에는 → 前には)

② 前は、ガソリンスタンドの右に公園がありました。

③ 駅の前にクリーニング屋はありませんでした。

④ 駅の2階に喫茶店がありました。

　　💡 何にも → 「아무것도」、誰も → 「아무도」、どこにも → 「아무데도」
　　　무엇도（×）、누구도（×）、어디에도（×）　　p.224 参考

やってみよう！ 🔊285

右の動詞を丁寧語（過去形）に変えて絵に合う文を書きましょう。

가다（行く）		
그리다（描く）		
듣다（聴く）		
마시다（飲む）		
만나다（会う）		
먹다（食べる）		
보다（見る）		
읽다（読む）		
타다（乗る）		
하다（する）		
치다（打つ）		

①	会社に行きました。	회사에
②	家に帰りました。	집에
③	絵を描きました。	그림을
④	音楽を聴きました。	음악을
⑤	お酒を飲みました。	술을
⑥	友達に会いました。	친구를
⑦	ご飯を食べました。	밥을
⑧	映画を見ました。	영화를
⑨	本を読みました。	책을
⑩	自転車に乗りました。	자전거를
⑪	地下鉄に乗りました。	지하철을
⑫	スキーをしました。	스키를
⑬	話をしました。	이야기를
⑭	仕事をしました。	일을
⑮	テニスをしました。	테니스를
⑯	ピアノを弾きました。	피아노를

答

①	갔어요.	⑤	마셨어요.	⑨	읽었어요.	⑬	했어요.
②	갔어요.	⑥	만났어요.	⑩	탔어요.	⑭	했어요.
③	그렸어요.	⑦	먹었어요.	⑪	탔어요.	⑮	쳤어요.
④	들었어요.	⑧	봤어요.	⑫	탔어요.	⑯	쳤어요.

211

ステップアップ ✏️

① | 昨日、何をしましたか。
  | 어제 뭐 했어요?　　　　　　　　　🎧 286

質問①について、次の韓国語の文を日本語に直しましょう。

① 서클친구들이랑 바다에서 캠핑하고 놀았어요.

_____

② 전시장에서 거래처 사장님과 만났어요.

_____

③ 회사 직원들과 골프를 갔어요.

_____

④ 가족하고 수족관 근처에서 외식했어요.

_____

> 答：① サークル仲間たちと海でキャンピングして遊びました。　② 展示場で取引先の社長と会いました。
> 　　③ 会社の職員たちとゴルフに行きました。　④ 家族と水族館の近くで外食しました。

🌸「와/과」は文語体、「하고」は会話体、「랑/이랑」は親しい間で使います。

💡「仲間」を意味する韓国語には、친구（友達）、동아리（同好会の仲間）、동료（同僚）、한패（組）、패거리（連中）などがありますが、한패、패거리 は悪い意味で使われますので使い方には注意が必要です。

🌸「ゴルフに行く」「〜に行く」は、目的を示しているので助詞は「を」になります。
　p.179 参考

② どうでしたか。
어땠어요? 🔊287

質問②について、絵のように韓国語で答えましょう。

① キャンピング 캠핑 楽しい 즐겁다	② 社長 사장님 優しい 인자하다	③ ゴルフ 골프 難しい 어렵다	④ 客 손님 多い 많다

① _____

② _____

③ _____

④ _____

答：① 캠핑이 즐거웠어요.　② 사장님이 인자했어요.　③ 골프가 어려웠어요.　④ 손님이 많았어요.

まる暗記 🔊288

＊목소리가 아주 상냥했어요. （声がとても優しかったです。）

🌸 목（首）＋ 소리（音）＝ 목소리（声）

213

第55課 「あげました」と「もらいました」を使ったフレーズ（해요체）

① 友達に誕生日のプレゼントをあげました。 🔊 289
친구에게 생일 선물을 주었어요.

～に～を～ました　～에게 ～를(을) ～어요 / ～한테 ～를(을) ～어요

✿ 「誰に～」のように人や生き物を対象にする言葉につく助詞「に」は、「에」ではなく「에게」や「한테」になります。「에게」に比べて「한테」は口語によく使われます。

チェック✓

人間以外に対しては「한테」が使われ、「에게」とはいいません。また、植物に対しては「에」が使われます。

　　子供に牛乳をあげました。 → 아이에게(한테) 우유를 주었어요.
　　猫にエサをあげました。 → 고양이한테 먹이를 주었어요.
　　花に水をあげました。 → 꽃에 물을 주었어요.

やってみよう！✏ 🔊 290

[＿＿＿＿에게 ＿＿＿＿＿動詞（過去形）.]

上の空欄に次の単語を使って「＿＿に、＿＿ました。」の文を作りましょう。

① 学生 학생 茶道 다도 教える 가르치다	② むすめ 딸 小包 소포 送る 부치다	③ 先生 선생님 レポート 리포트 出す 내다	④ 母 어머니 おみやげ 여행선물 差し上げる 드리다

① ＿＿＿＿＿＿＿＿＿＿＿＿＿＿＿＿＿＿＿＿＿＿＿
② ＿＿＿＿＿＿＿＿＿＿＿＿＿＿＿＿＿＿＿＿＿＿＿
③ ＿＿＿＿＿＿＿＿＿＿＿＿＿＿＿＿＿＿＿＿＿＿＿
④ ＿＿＿＿＿＿＿＿＿＿＿＿＿＿＿＿＿＿＿＿＿＿＿

答： ① 학생에게 다도를 가르쳤어요.　② 딸에게 소포를 부쳤어요.
　　③ 선생님에게 리포트를 냈어요.　④ 어머니에게 여행선물을 드렸어요.

② 友達から誕生日のプレゼントをもらいました。　🎧291
친구한테서 생일 선물을 받았어요.

~から~を~ました　~에게서 ~를(을) ~어요 / ~한테서 ~를(을) ~어요

- 「誰から~」のように人や生き物を対象にする言葉につく助詞「から」は、「에」ではなく「에게서」や「한테서」になります。
- やってみよう！　①は「에게」の代わりに「한테」を入れ、②は「한테서」の代わりに「에게서」を入れてみましょう。（意味は同じです）

やってみよう！ 🎧292

[＿＿＿＿한테서 ＿＿＿＿動詞（過去形）．]

上の空欄に次の単語を使って「＿＿＿から（に）、＿＿＿ました。」の文を作りましょう。

| ① 先生 선생님
茶道 다도
習う 배우다 | ② 母 어머니
小包 소포
受け取る 받다 | ③ 学生 학생
レポート 리포트
受け取る 받다 | ④ むすめ 딸
おみやげ 여행 선물
もらう 받다 |

① ＿＿＿＿＿＿＿＿＿＿＿＿＿＿＿＿＿＿＿＿
② ＿＿＿＿＿＿＿＿＿＿＿＿＿＿＿＿＿＿＿＿
③ ＿＿＿＿＿＿＿＿＿＿＿＿＿＿＿＿＿＿＿＿
④ ＿＿＿＿＿＿＿＿＿＿＿＿＿＿＿＿＿＿＿＿

答：① 선생님한테서 다도를 배웠어요.　② 어머니한테서 소포를 받았어요.
　　③ 학생한테서 리포트를 받았어요.　④ 딸한테서 여행 선물을 받았어요.

まる暗記 🎧293

＊친구한테 문자를 보냈어요. （友達に文字（メール）を送りました。）
＊친구한테서 문자가 왔어요. （友達から文字（メール）がきました。）

- 「문자（文字）」は、「文」の意味で使われることが多く、ここでは「メール」の意味。
- 注意：「文字がきれい」→「글씨(字)가 예뻐요」。문자(文)가 예뻐요（×）

第56課 　身体を使った表現（해요체） 　🔊 294

次のイギリスの童謡「Head, shoulders, knees and toes」のリズムに合わせて、身体表現を覚えましょう。

（楽譜）

1段目：머 리 어 깨 무 릎 발 무 릎 발
2段目：머 리 어 깨 팔 ～ 손 팔 손
3段目：머 리 어 깨 눈 ～ 입 ～ 목
4段目：머리 어깨 허 리 다 리 코 귀 코 귀

Head and, shoulders, knees and toes, knees and toes
머리(頭)　　어깨(肩)　　무릎(ひざ)　　발(足)　무릎(ひざ)　　발(足)

Head and, shoulders, knees and toes, knees and toes
머리(頭)　　어깨(肩)　　팔(腕)　　　손(手)　팔(腕)　　　손(手)

Eyes and, ears and, mouth, and, nose
머리(頭)　　어깨(肩)　　눈(目)　　입(口)　목(首)

Head, and, shoulders, knees and toes, knees and toes
머리(頭) 어깨(肩) 허리(腰)　다리(脚)　　코(鼻)　귀(耳)　코(鼻)　귀(耳)

❁ ここの英語と韓国語は、同じ意味ではありません。リズムを使っているだけです。

やってみよう！

1) 次の絵の部位に合う言葉を書き入れましょう。

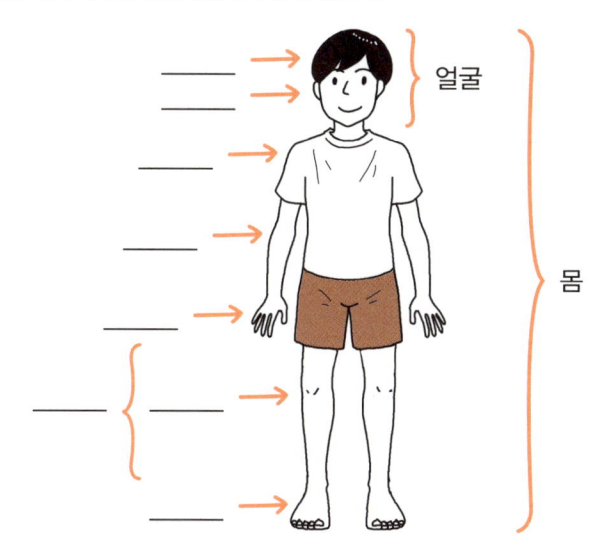

― → （얼굴）
― →
― →
― →
― →
― → （몸）
― →
― →

2) 次の身体の部位にふさわしい述語（形容詞）を選び、文を作りましょう。 🎧 295

述語は、それぞれ、現在形／過去形／否定形（過去形）の丁寧語で書きましょう。

身体の部位：① 얼굴　② 눈　③ 몸　④ 다리　⑤ 허리

「해요体」

> 예쁘다（きれい）　크다（大きい）　길다（長い）
> 가늘다（細い）　날씬하다（しなやか、すらりとしている）

① ＿＿＿＿＿＿／＿＿＿＿＿＿／＿＿＿＿＿＿
② ＿＿＿＿＿＿／＿＿＿＿＿＿／＿＿＿＿＿＿
③ ＿＿＿＿＿＿／＿＿＿＿＿＿／＿＿＿＿＿＿
④ ＿＿＿＿＿＿／＿＿＿＿＿＿／＿＿＿＿＿＿
⑤ ＿＿＿＿＿＿／＿＿＿＿＿＿／＿＿＿＿＿＿

答：① 얼굴이 예뻐요 / 예뻤어요 / 예쁘지 않았어요　② 눈이 커요 / 컸어요 / 크지 않았어요
　　③ 몸이 날씬해요 / 날씬했어요 / 날씬하지 않았어요　④ 다리가 길어요 / 길었어요 / 길지 않았어요
　　⑤ 허리가 가늘어요 / 가늘었어요 / 가늘지 않았어요

まる暗記 🎧 296

＊옛날에는 스타일이 좋았어요. （昔は、スタイルがよかったですよ。）

第57課　勉強おつかれさまテスト

次の韓国語を日本語に直しましょう。　　　　　　　　🎧297

A：토요일에 인기 스타의 팬미팅에 갔어요.

B：난 못 갔어요.

A：사람이 아주 많이 모였어요.

B：잘생겼어요?

A：키가 크고 너무 미남이었어요.

B：어떤 옷을 입고 있었어요?

A：위에는 하얀색 셔츠에 펜던트를 하고

　　밑에는 청바지를 입었어요.

B：선글라스도 쓰고 있었어요?

A：선글라스가 아니고 안경을 쓰고 있었어요.

B：모자를 썼어요?

A：모자는 안 썼어요.

B：나도 가고 싶었어요.

答：A：土曜日に人気スターのファン・ミーティングに行きました。
　　B：私は、行けなかったです。
　　A：人が、とても、多く集まっていました。（韓国語では過去形）
　　B：美男子でしたか。（「잘생기다」は「顔が整う → 美男／美女だ」、「못생기다」は、「顔がぶさいくだ」の意味）
　　A：背が高くて、すごく、美男でした。
　　B：どんな服を着ていましたか。
　　A：上には、白いシャツにペンダントをして、下には、ジーンズを履いていました。（韓国語では過去形）
　　　　＊청바지 は 청（青）＋ 바지（ズボン）＝ジーンズ　　＊바지と大阪弁パッチは発音が同じ。
　　　　＊ズボン、スカート、パンツ→着る（입다）
　　B：サングラスもかけていましたか。＊サングラス、眼鏡は、被る（쓰다）という。
　　A：サングラスではなく、眼鏡をかけていました。
　　B：帽子をかぶっていましたか。（韓国語では過去形）
　　A：帽子はかぶっていませんでした。
　　B：私も行きたがったです。

まる暗記　🎧298

＊최고로 잘했어요!（最高によくできました。）

付 録

文を作る基本アイテム
- 代名詞
- 助詞
- 疑問詞
- 縮約形
- 時を表す表現
- 辞書を引く順番

動詞の活用形

指定詞と存在詞の活用形

形容詞の活用形

文を作る基本アイテム

代名詞

1. 一人称と二人称　🔊299

僕、私	僕、私	あなた	君	我々	私達（謙譲語）
저(謙譲語)	나	당신	너	우리	저희

- 「あなた（당신）」の使い方は限定的で、初対面の人などには使えないので注意しましょう。言い方に困ったときは、二人称は省略するのが無難です。(p.66 参考)
- 「우리（我々）」、「저희（私達）」は、さらに複数を表す「들（達）」をくっつけて、「우리들（我々）、저희들（私達）」のようによく表現します。

2. 三人称や「이（この）」、「그（その）」、「저（あの）」の使い方　🔊300

三人称	物事	場所	方向
이 사람（この人）	이것（これ）	여기（ここ／こちら）	이리（こちら／こっち）
그 사람（その人）	그것（それ）	거기（そこ／そちら）	그리（そちら／そっち）
저 사람（あの人）	저것（あれ）	저기（あそこ／あちら）	저리（あちら／あっち）

- 距離感と関係のない「あの人、あれ、あそこ」は、「그 사람、그것、거기」。

- 「その男性」、「彼氏」、「夫」の意味で「그이（彼）」を、
  「その女性」、「彼女」の意味で「그녀（彼女）」を用いることもあります。
- 「この方」、「その方」、「あの方」は、「이 분」、「그 분」、「저 분」。

- 物事を表すときは、「것」をつけます。「이 + 것（このもの）」→「이것（これ）」
- 場所を表す表現では、「곳（場所）」をつけて、「이（この）＋ 곳（場所）」→
  「이곳（ここ）／그곳（そこ）／저곳（あそこ）」ともいいます。
- 方向を表す表現では、「쪽（方）」をつけて、「이（この）＋ 쪽（方向）」→
  「이쪽（こちら）／그쪽（そちら）／저쪽（あちら）」ともいいます。
  人に対して二人称の代わりに使うこともあります。
  例：そちらはどう思う？　→　그쪽은 어떻게 생각해?

助　詞

🌸 助詞は独立して使うことがないため、前の文字にくっつけて表記しますが、前の文字のパッチム有無で形が変わるものと、そうでないものがあります。

1．パッチムによって形が変わる助詞

パッチム	は	が	を	と	で	に／へ
なし	는	가	를	와/랑	로（ㄹパッチム含む）	로（ㄹパッチム含む）
あり	은	이	을	과/이랑	으로	으로

🌸 「私は」は「저(나) 는」ですが、「私が」は「제(내)가」になります。「저(나)가」×

🌸 「君は」は「너는」、「君が」は「네가」ですが、口語では、「니가」ともいいます。
（現代人は「내」と「네」の発音をあまり区別しないため、紛らわしくなり、「니가」を使うようになったと考えられています。）

🌸 「と：랑/이랑」は、若い人や親しい間柄で使われる言葉です。

🌸 「で：로/으로」→ 方法、手段、道具、原因、理由などに使われます。
　　　現金で買う　현금으로 산다
　　　風邪で来られない　감기로 못 온다
　　　日本語で言ってください　일본말로 해주세요
　　　飛行機で行きます　비행기로 갑니다

🌸 「に：로/으로」→ 時間、変化、決定などに使われます。
　　　明日に延期した　내일로 연기했다
　　　パジャマに着替えます　잠옷으로 갈아입어요
　　　ビビンパにする　비빔밥으로 한다
　　　２番線に乗り換えてください　2호선으로 갈아타세요

🌸 「へ：로/으로」→ 方向、目的地を表すときに使われます。
　　　家へ帰る　집으로 간다(돌아온다/돌아간다)

2. パッチムに左右されない助詞

の	と	も	で	に	から	から	まで
의	하고	도	에서/에	에 에게/한테	에서 에게서/한테서	부터	까지

- 所有格助詞「の：의」は、「의」と書いて「에（エ）」と発音します。
  例：어머니의 사랑（母の愛）：発音は → 어머니에 사랑
  （所有格助詞「の」は、一人称と二人称以外では省略することが多いのですが、習慣的、あるいは、意味をはっきりさせたい場合や「の」が示す言葉を強調したいときは意図的に用います。）

- 「私の」は「저(나)의」を縮約した「제(내)」が一般的な表現です。
- 「君の」は「너의」を縮約した「네」を使いますが、口語では「니」もよく使われています。

ワンポイント 日本語で幅広く使われる「の」は、韓国語では、助詞として使われる以外では違う表現をします。

- 「医者の私が」は「医者である私が ← 医者と私は同格」の意味なので、「である（이다）」の連体形「인」を付けます。「医者の私が」→ 의사인 제가 의사의 제가×

- 「それは、私のです」は「私のものです」の意味なので、「もの（것）」を付けます。
  「私のです」→ 제(내)것입니다. 저(나)의 입니다×

- 「雨の日」は「雨が降る日」の意味なので、비오는 날 비의 날× 비의 일×

- 「私の好きな花」は「私が好きな花」の意味なので、
  제(내)가 좋아하는 꽃 저(나)의 좋아하는 꽃×

- 「と：하고」は会話でよく使われ、文章に用いる場合は「と：와/과」が使われます。

- 「で：에서」→ 場所や動作の出所を表します。
  レストランで食事をする　레스토랑에서 식사를 한다
  映画で見た　영화에서 보았다

- 「で：에」→ 時や状態を表します。
  1時間で終わった　1시간에 끝났다
  2個で300円　2개에 300엔
  会議の途中で考えた　회의 도중에 생각했다
  いくらで買った？：얼마에 샀어？

✿「に：에」→ 場所、位置、時、原因などを表します。
　　家に帰る　집에 간다(돌아온다/돌아간다)
　　心の中にある　마음속에 있다
　　3時に終わった　3시에 끝났다
　　風に吹かれる　바람에 날린다

「へ：로/으로」と「に：에」

「어디로 가?（どこへ行く？）」→ 方向（目的地）をいいます。
「어디에 가?（どこに行く？）」→ 目的地（到達点）をいいます。

✿「に：에게/한테」→ 人間や生き物を表します。
　「에게」より「한테」が口語。
　　友だちに頼みました。→ 친구에게(한테) 부탁했어요.

✿「から：에게서/한테서」→ 人間や生き物を表します。
　「에게서」より「한테서」が口語。
　　友だちから頼まれました。→ 친구에게서(한테서) 부탁받았어요.
　この場合、「から」は「に」に表現されることも多くあります。
　→ 친구에게(한테) 부탁받았어요.

✿「から：에서」→ 場所を表すとき
　　ソウルから来る　서울에서 온다.

✿「から〜まで：에서〜 까지」→ 場所を表すとき
　　ここから駅まで　여기에서 역까지

✿「から：부터」→ 時間・期間や順序を表すとき
　　今日から始まる　오늘부터 시작한다

✿「から〜まで：부터〜 까지」→ 時間や期間を表すとき
　　朝から夕方まで　아침부터 저녁까지

「も：나/이나」→ 数量を表すとき
梨を7個も買った。배를 7(일곱)개나 샀다.

疑問詞 🔊301

だれ	なに	どこ	いつ	どのように	なぜ	いくら	何（数字）
누구	무엇	어디	언제	어떻게	왜	얼마	몇

- 「だれが」のときは、「누구가」ではなく、「누가」に縮約されます。

- 「何の」のように次に名詞がくる場合は、「무엇（何）」ではなく、「무슨 ＋ 名詞」になります。「どんな」のように決まった範囲内のことを聞くときは、「어떤 ＋ 名詞」を用います。
  どういう食べ物が好きですか。：무슨 음식을 좋아해요?
  どんな食べ物が好きですか。：어떤 음식을 좋아해요?

- 「どの〜」のように次に名詞がくる場合は、「어느 ＋ 名詞」になります。
  「どなた」→ 어느 분、
  「どれ」→ 어느 것、
  「どこ」→「어디」または、어느 곳、
  「どちら／どっち」→「어디」または、어느 쪽
  どこの国の人ですか。：어느 나라 사람이에요?
  どこの国から来ましたか。：어느 나라에서 왔어요?
  「どれ（どのもの）が、安いですか。」←「어느 것이 쌉니까?」
  「どこ（どの場所）が、安いですか。」←「어느 곳이 쌉니까?」

- 어디서（どこで）は、어디（どこ）＋ 에서（で）が縮約された形で、一般的に使います。

👉 否定文の場合、「だれ」、「なに」、「どこ」は、疑問詞が変わります。

  「だれも〜」→「아무도〜」 아무도 없어요.（誰もいません）누구도（✕）
  「だれにも〜」→「아무하고도〜」 아무하고도 안 만나요.（誰にも会いません）
  「だれにも〜」→「아무에게도〜」 아무에게도 말 안 해요.（誰にも言いません）
  「何にも〜」→「아무것도〜」 아무것도 안 사요.（何にも買いません）무엇도（✕）
  「どこにも〜」→「아무데도〜」 아무데도 안 가요.（どこにも行きません）어디에도（✕）

- 「아무」は、誰それ、何がし、某のように名前を指定しないときに使われる代名詞です。

縮約形

会話では、よく言葉を縮約します。(例：이야기（話）→ 얘기)
ここでは、その中でも頻繁に使われる助詞の縮約形を紹介しましょう。

助詞	～は	～を	～の
저/나（私）	저는/나는 → 전/난	저를/나를 → 절/날	저의/나의 → 제/내
너（君）	너는 → 넌	너를 → 널	너의 → 네/니
우리（我々）	우리는 → 우린	우리를 → 우릴	
누구（誰）	누구는 → 누군	누구를 → 누굴	
어디（どこ）		어디를 → 어딜	
언제（いつ）	언제는 → 언젠	언제를 → 언젤	

	縮約形	～は	～が	～を	～で
무엇（何）	뭐		무엇이 → 뭐가/뭐	무엇을 → 뭘/뭐	무엇으로 → 뭘로/뭐로
이것（これ）	이거	이것은 → 이건/이거	이것이 → 이게/이거	이것을 → 이걸/이거	이것으로 → 이걸로/이거로
그것（それ）	그거	그것은 → 그건/그거	그것이 → 그게/그거	그것을 → 그걸/그거	그것으로 → 그걸로/그거로
저것（あれ）	저거	저것은 → 저건/저거	저것이 → 저게/저거	저것을 → 저걸/저거	저것으로 → 저걸로/저거로
어느 것（どれ）	어느 거		어느 것이 → 어느 게	어느 것을 → 어느 걸/어느 거	어느 것으로 → 어느 걸로/어느 거로

指定詞「～입니다/입니까（です／ですか）」もよく縮約されます。

누구입니까?（だれですか。）→ 누굽니까?
어디입니까?（どこですか。）→ 어딥니까?
언제입니까?（いつですか。）→ 언젭니까?
얼마입니까?（いくらですか。）→ 얼맙니까?
이것입니까?（これですか。）→ 이겁니까?
그것입니다.（それです。）→ 그겁니다.
이것이 무엇입니까?（これは、何ですか。）→ 이게 뭡니까?
이것은 누구 것입니까?（これは、だれのですか。）→ 이건 누구 겁니까?
이것은 제(내) 것입니다.（これは、私のです。）→ 이건 제(내) 겁니다.

時を表す表現 🔊302

一昨日	昨日	今日	明日	明後日	毎日
그저께	어제	오늘	내일	모레	매일
昼間	夜／晩	明け方	朝	昼	夕方
낮	밤	새벽	아침	점심	저녁
一日	今	午前	午後	午前０時	正午
하루	지금	오전	오후	자정	정오
先週	今週	来週	再来週	週末	毎週
지난주(저번 주)	이번 주	다음 주	다다음 주	주말	매주
先月	今月	来月	再来月	月末	毎月
지난달(저번 달)	이달(이번 달)	다음 달	다다음 달	월말	매월(매달)
昨年	今年	来年	新年	年末	毎年
작년(지난해)	금년(올해)	내년	신년(새해)	연말	매년

月曜日	火曜日	水曜日	木曜日	金曜日	土曜日	日曜日
월요일	화요일	수요일	목요일	금요일	토요일	일요일

春	夏	秋	冬	元旦	十五夜	冬至
봄	여름	가을	겨울	설날	추석	동지

辞書を引く順番

① 子音：ㄱ → ㄲ → ㄴ → ㄷ → ㄸ → ㄹ → ㅁ → ㅂ → ㅃ → ㅅ → ㅆ → ㅇ → ㅈ → ㅉ → ㅊ → ㅋ → ㅌ → ㅍ → ㅎ

② 母音：ㅏ → ㅐ → ㅑ → ㅒ → ㅓ → ㅔ → ㅕ → ㅖ → ㅗ → ㅘ → ㅙ → ㅚ → ㅛ → ㅜ → ㅝ → ㅞ → ㅟ → ㅠ → ㅡ → ㅢ → ㅣ

③ パッチム：ㄱ → ㄲ → ㄴ → ㄷ → ㄹ → ㅁ → ㅂ → ㅅ → ㅆ → ㅇ → ㅈ → ㅊ → ㅋ → ㅌ → ㅍ → ㅎ

■：基本母音、基本子音

動詞の活用形

NO	動詞	辞書形 （原形）	現在形 〜ます	前置否定形 〜ません
1	行く	가다	갑니다 가요	안 갑니다 안 가요
2	教える	가르치다	가르칩니다 가르쳐요	안 가르칩니다 안 가르쳐요
3	描く	그리다	그립니다 그려요	안 그립니다 안 그려요
4	歩く	걷다	걷습니다 걸어요	안 걷습니다 안 걸어요
5	遊ぶ	놀다	놉니다 놀아요	안 놉니다 안 놀아요
6	閉める	닫다	닫습니다 닫아요	안 닫습니다 안 닫아요
7	聴く	듣다	듣습니다 들어요	안 듣습니다 안 들어요
8	飲む	마시다	마십니다 마셔요	안 마십니다 안 마셔요
9	会う	만나다	만납니다 만나요	안 만납니다 안 만나요
10	食べる	먹다	먹습니다 먹어요	안 먹습니다 안 먹어요
11	習う	배우다	배웁니다 배워요	안 배웁니다 안 배워요
12	見る	보다	봅니다 봐요	안 봅니다 안 봐요
13	住む	살다	삽니다 살아요	안 삽니다 안 살아요
14	買う	사다	삽니다 사요	안 삽니다 안 사요

後置否定形	現在進行形	願望表現	過去形
〜ません	〜ています	〜たいです	〜ました
가지 않습니다 가지 않아요	가고 있습니다 가고 있어요	가고 싶습니다 가고 싶어요	갔습니다 갔어요
가르치지 않습니다 가르치지 않아요	가르치고 있습니다 가르치고 있어요	가르치고 싶습니다 가르치고 싶어요	가르쳤습니다 가르쳤어요
그리지 않습니다 그리지 않아요	그리고 있습니다 그리고 있어요	그리고 싶습니다 그리고 싶어요	그렸습니다 그렸어요
걷지 않습니다 걷지 않아요	걷고 있습니다 걷고 있어요	걷고 싶습니다 걷고 싶어요	걸었습니다 걸었어요
놀지 않습니다 놀지 않아요	놀고 있습니다 놀고 있어요	놀고 싶습니다 놀고 싶어요	놀았습니다 놀았어요
닫지 않습니다 닫지 않아요	닫고 있습니다 닫고 있어요	닫고 싶습니다 닫고 싶어요	닫았습니다 닫았어요
듣지 않습니다 듣지 않아요	듣고 있습니다 듣고 있어요	듣고 싶습니다 듣고 싶어요	들었습니다 들었어요
마시지 않습니다 마시지 않아요	마시고 있습니다 마시고 있어요	마시고 싶습니다 마시고 싶어요	마셨습니다 마셨어요
만나지 않습니다 만나지 않아요	만나고 있습니다 만나고 있어요	만나고 싶습니다 만나고 싶어요	만났습니다 만났어요
먹지 않습니다 먹지 않아요	먹고 있습니다 먹고 있어요	먹고 싶습니다 먹고 싶어요	먹었습니다 먹었어요
배우지 않습니다 배우지 않아요	배우고 있습니다 배우고 있어요	배우고 싶습니다 배우고 싶어요	배웠습니다 배웠어요
보지 않습니다 보지 않아요	보고 있습니다 보고 있어요	보고 싶습니다 보고 싶어요	봤습니다 봤어요
살지 않습니다 살지 않아요	살고 있습니다 살고 있어요	살고 싶습니다 살고 싶어요	살았습니다 살았어요
사지 않습니다 사지 않아요	사고 있습니다 사고 있어요	사고 싶습니다 사고 싶어요	샀습니다 샀어요

NO	動詞	辞書形 （原形）	現在形 ～ます	前置否定形 ～ません
15	休む	쉬다	쉽니다 쉬어요	안 쉽니다 안 쉬어요
16	始まる	시작하다	시작합니다 시작해요	시작 안 합니다 시작 안 해요
17	書く	쓰다	씁니다 써요	안 씁니다 안 써요
18	洗う	씻다	씻습니다 씻어요	안 씻습니다 안 씻어요
19	座る	앉다	앉습니다 앉아요	안 앉습니다 안 앉아요
20	知る	알다	압니다 알아요	모릅니다 몰라요
21	開ける	열다	엽니다 열어요	안 엽니다 안 열어요
22	来る	오다	옵니다 와요	안 옵니다 안 와요
23	泣く	울다	웁니다 울어요	안 웁니다 안 울어요
24	笑う	웃다	웃습니다 웃어요	안 웃습니다 안 웃어요
25	読む	읽다	읽습니다 읽어요	안 읽습니다 안 읽어요
26	着る	입다	입습니다 입어요	안 입습니다 안 입어요
27	寝る	자다	잡니다 자요	안 잡니다 안 자요
28	撮る	찍다	찍습니다 찍어요	안 찍습니다 안 찍어요
29	乗る	타다	탑니다 타요	안 탑니다 안 타요
30	売る	팔다	팝니다 팔아요	안 팝니다 안 팔아요

後置否定形	現在進行形	願望表現	過去形
～ません	～ています	～たいです	～ました
쉬지 않습니다 쉬지 않아요	쉬고 있습니다 쉬고 있어요	쉬고 싶습니다 쉬고 싶어요	쉬었습니다 쉬었어요
시작하지 않습니다 시작하지 않아요	시작하고 있습니다 시작하고 있어요	시작하고 싶습니다 시작하고 싶어요	시작했습니다 시작했어요
쓰지 않습니다 쓰지 않아요	쓰고 있습니다 쓰고 있어요	쓰고 싶습니다 쓰고 싶어요	썼습니다 썼어요
씻지 않습니다 씻지 않아요	씻고 있습니다 씻고 있어요	씻고 싶습니다 씻고 싶어요	씻었습니다 씻었어요
앉지 않습니다 앉지 않아요	앉고 있습니다 앉고 있어요	앉고 싶습니다 앉고 싶어요	앉았습니다 앉았어요
알지 못합니다 알지 못해요	알고 있습니다 알고 있어요	알고 싶습니다 알고 싶어요	알았습니다 알았어요
열지 않습니다 열지 않아요	열고 있습니다 열고 있어요	열고 싶습니다 열고 싶어요	열었습니다 열었어요
오지 않습니다 오지 않아요	오고 있습니다 오고 있어요	오고 싶습니다 오고 싶어요	왔습니다 왔어요
울지 않습니다 울지 않아요	울고 있습니다 울고 있어요	울고 싶습니다 울고 싶어요	울었습니다 울었어요
웃지 않습니다 웃지 않아요	웃고 있습니다 웃고 있어요	웃고 싶습니다 웃고 싶어요	웃었습니다 웃었어요
읽지 않습니다 읽지 않아요	읽고 있습니다 읽고 있어요	읽고 싶습니다 읽고 싶어요	읽었습니다 읽었어요
입지 않습니다 입지 않아요	입고 있습니다 입고 있어요	입고 싶습니다 입고 싶어요	입었습니다 입었어요
자지 않습니다 자지 않아요	자고 있습니다 자고 있어요	자고 싶습니다 자고 싶어요	잤습니다 잤어요
찍지 않습니다 찍지 않아요	찍고 있습니다 찍고 있어요	찍고 싶습니다 찍고 싶어요	찍었습니다 찍었어요
타지 않습니다 타지 않아요	타고 있습니다 타고 있어요	타고 싶습니다 타고 싶어요	탔습니다 탔어요
팔지 않습니다 팔지 않아요	팔고 있습니다 팔고 있어요	팔고 싶습니다 팔고 싶어요	팔았습니다 팔았어요

指定詞と存在詞の活用形

指定詞	辞書形 (原形)	現在形 〜です／〜ではありません	過去形 〜でした
だ／である	이다	입니다 예요/이에요	였습니다/이었습니다 였어요/이었어요
ではない	아니다	아닙니다 아니에요	아니었습니다 아니었어요

形容詞の活用形

NO	形容詞	辞書形 (原形)	現在形 〜です
1	大きい	크다	큽니다 커요
2	小さい	작다	작습니다 작아요
3	長い	길다	깁니다 길어요
4	高い	높다	높습니다 높아요
5	広い	넓다	넓습니다 넓어요
6	狭い	좁다	좁습니다 좁아요
7	綺麗だ	예쁘다	예쁩니다 예뻐요
8	可愛い	귀엽다	귀엽습니다 귀여워요
9	美しい	아름답다	아름답습니다 아름다워요

存在詞	辞書形 (原形)	現在形 ～ます／～ません	過去形 ～ました／～でした
ある／いる	있다	있습니다 있어요	있었습니다 있었어요
ない／いない	없다	없습니다 없어요	없었습니다 없었어요

後置否定形 ～ません	推量表現 ～でしょう	過去形 ～でした
크지 않습니다 크지 않아요	크겠습니다 크겠어요	컸습니다 컸어요
작지 않습니다 작지 않아요	작겠습니다 작겠어요	작았습니다 작았어요
길지 않습니다 길지 않아요	길겠습니다 길겠어요	길었습니다 길었어요
높지 않습니다 높지 않아요	높겠습니다 높겠어요	높았습니다 높았어요
넓지 않습니다 넓지 않아요	넓겠습니다 넓겠어요	넓었습니다 넓었어요
좁지 않습니다 좁지 않아요	좁겠습니다 좁겠어요	좁았습니다 좁았어요
예쁘지 않습니다 예쁘지 않아요	예쁘겠습니다 예쁘겠어요	예뻤습니다 예뻤어요
귀엽지 않습니다 귀엽지 않아요	귀엽겠습니다 귀엽겠어요	귀여웠습니다 귀여웠어요
아름답지 않습니다 아름답지 않아요	아름답겠습니다 아름답겠어요	아름다웠습니다 아름다웠어요

NO	形容詞	辞書形 （原形）	現在形 ～です
10	清い	깨끗하다	깨끗합니다 깨끗해요
11	易しい	쉽다	쉽습니다 쉬워요
12	難しい	어렵다	어렵습니다 어려워요
13	安い	싸다	쌉니다 싸요
14	良い	좋다	좋습니다 좋아요
15	忙しい	바쁘다	바쁩니다 바빠요
16	痛い	아프다	아픕니다 아파요
17	多い	많다	많습니다 많아요
18	少ない	적다	적습니다 적어요
19	素敵だ	멋있다	멋있습니다 멋있어요
20	うまい	맛있다	맛있습니다 맛있어요
21	面白い	재미있다	재미있습니다 재미있어요
22	塩辛い	짜다	짭니다 짜요
23	辛い	맵다	맵습니다 매워요
24	暑い	덥다	덥습니다 더워요
25	寒い	춥다	춥습니다 추워요

後置否定形 ～ません	推量表現 ～でしょう	過去形 ～でした
깨끗하지 않습니다 깨끗하지 않아요	깨끗하겠습니다 깨끗하겠어요	깨끗했습니다 깨끗했어요
쉽지 않습니다 쉽지 않아요	쉽겠습니다 쉽겠어요	쉬웠습니다 쉬웠어요
어렵지 않습니다 어렵지 않아요	어렵겠습니다 어렵겠어요	어려웠습니다 어려웠어요
싸지 않습니다 싸지 않아요	싸겠습니다 싸겠어요	쌌습니다 쌌어요
좋지 않습니다 좋지 않아요	좋겠습니다 좋겠어요	좋았습니다 좋았어요
바쁘지 않습니다 바쁘지 않아요	바쁘겠습니다 바쁘겠어요	바빴습니다 바빴어요
아프지 않습니다 아프지 않아요	아프겠습니다 아프겠어요	아팠습니다 아팠어요
많지 않습니다 많지 않아요	많겠습니다 많겠어요	많았습니다 많았어요
적지 않습니다 적지 않아요	적겠습니다 적겠어요	적었습니다 적었어요
멋있지 않습니다 멋있지 않아요	멋있겠습니다 멋있겠어요	멋있었습니다 멋있었어요
맛있지 않습니다 맛있지 않아요	맛있겠습니다 맛있겠어요	맛있었습니다 맛있었어요
재미있지 않습니다 재미있지 않아요	재미있겠습니다 재미있겠어요	재미있었습니다 재미있었어요
짜지 않습니다 짜지 않아요	짜겠습니다 짜겠어요	짰습니다 짰어요
맵지 않습니다 맵지 않아요	맵겠습니다 맵겠어요	매웠습니다 매웠어요
덥지 않습니다 덥지 않아요	덥겠습니다 덥겠어요	더웠습니다 더웠어요
춥지 않습니다 춥지 않아요	춥겠습니다 춥겠어요	추웠습니다 추웠어요

付録 形容詞の活用形

文法・表現索引

あ

あげました	214
あった	151
ありました／いました	151
ありましたか／いましたか	151, 209
あります／います	88, 120, 177
ありますか／いますか	96, 121, 177
ありません／いません	120
ある	120

い

いいえ、ありません／いません	96
いいえ、違います	66, 175
いくつですか。	115
いくらですか。	99, 224
意志・推量表現	158
いた	151
一人称	220
位置を表す表現	92
いつですか。	72, 108, 224
いない	120
いなかった	151
いる	120
陰母音	22

え

干支	121
ㄴ(n)音添加	55

か

～があります／います	88
～がありません／いません	94
～が、いいです。	130
かかります。	186, 187
学年を表す表現	103
～が、好きです。	127
家族の呼称	74
家族の呼び方（蛙の歌）	70
～が、～です	64
から～まで（時間、期間）	185, 223
から～まで（場所）	186, 223
韓国の祭日	109
漢数詞	98
慣例的な表現	162

き

機内アナウンス	167
基本子音	25
基本母音	22
疑問詞	224

く

～くありません	132, 133, 134
～くありませんでした	155
ください	100, 114

け

形容詞３０	128
形容詞の活用形	232
激音	25
激音化	50
謙譲表現	162

こ

口蓋音化	55

後置否定形 …… 81, 133, 142, 155, 164, 189
後置不可能形 …………… 135, 157, 165
ここ、そこ、あそこ ……………… 63, 220
五十音表 …………………………… 31
〜ことにします ………………… 159
この、その、あの ………………… 61
この方、その方、あの方 ……… 71, 220
この人、その人、あの人 ……… 61, 220
固有数詞 …………………… 98, 110
これ、それ、あれ …………… 62, 220

── さ　し ──

三人称 ……………………………… 220
子音 ………………………………… 25
時刻を表す表現 ………………… 116
辞書形 …………………………… 118
辞書を引く順番 ………………… 227
指定詞の活用形 ………………… 232
しましたか ………………… 154, 212
します ……………………………… 78
しますか …………………………… 80
しません …………………………… 81
しませんでした ………………… 155
縮約形 …………………………… 225
述語４０ …………………… 148, 173
上手です。 ………………………… 86
助詞 ……………………………… 221
助数詞 …………………… 112, 113
身体を使った表現 ……………… 216
新年のあいさつ ………………… 16

── せ　そ ──

前置否定形 ……… 81, 132, 155, 164, 188
前置不可能形 …………… 135, 157, 165

そうです（推量表現）……… 160, 166
そして（接続詞）………………… 183
存在詞の活用形 ………………… 232

── た　つ ──

〜たい（願望表現）……………… 199
たいです ………………………… 199
たいですか ……………………… 203
代名詞 …………………………… 220
たかったです …………………… 205
たくありません ………………… 204
たくありませんでした ………… 207
だ／である ……………………… 120
だった／であった ……………… 151
だれ …………………… 70, 72, 224
だれが ………………… 70, 72, 129, 224
月を表す表現 …………………… 105
（っ）た（過去形の常体）…… 145〜149
（っ）たです（過去形の敬体）…… 150

── て ──

丁寧語の作り方 …… 118, 137, 149, 158,
                    166, 170, 208
〜ていました ……………………… 141
〜ています（状態の持続）…… 191, 194
〜ています（動作の進行）…… 137, 194, 198
〜ているところではありません …… 142
〜ている途中です ……………… 194
できます ………………… 85, 161
できません ……………… 135, 190
できません（意志表現）………… 165
できません（能力の有無）……… 86
できませんでした。……………… 157
でした（指定詞）………… 151, 209

237

でしたか（指定詞） …………………… 209
でしょう（推量表現） ……………… 160, 166
でしょうか ……………………………… 163
でしょうね ……………………………… 166
です（指定詞） ………………… 58, 120, 175
です（形容詞） ………………… 82, 128, 174
ですか（指定詞） ……………… 66, 121, 175
ではありません（形容詞） ……………… 84
ではありません（指定詞） …… 68, 120, 175
ではありませんでした（指定詞） … 151, 209
ではない（指定詞） …………………… 120
ではなかった（指定詞） ……………… 151
〜てみせます（意志表現） …………… 159

と

動詞３０ ………………………………… 119
動詞の活用形 …………………………… 228
どうでしたか …………………………… 213
時を表す表現 …………………………… 226
どこ …………………………… 72, 129, 224
年を表す表現 …………………………… 103
どなたですか。 ………………………… 71, 176
どの …………………………… 72, 129, 224

な

ない ……………………………………… 120
〜ないでいます（否定形） ……… 142, 144
〜ないでしょう ………………………… 164
なさそうです …………………………… 164
なぜ …………………………………… 129, 224
なに …………………………………… 72, 224
何／幾 ………………………………… 101, 224
なに年（干支）ですか ………………… 121
何回 ……………………………………… 113

何回目 …………………………………… 113
何月生まれ ……………………………… 104
何個 ……………………………………… 114
何時ですか。 …………………………… 116
何ですか。 ………………………………… 72
何日ですか ……………………………… 106
何人 ……………………………………… 111
何年生まれ ……………………………… 102
何の ………………………………… 72, 224
何番 ……………………………………… 101
何番目 ……………………………… 112, 113
何名様 …………………………………… 111

に

〜に会いたい …………………………… 202
〜に逢いたい …………………………… 202
〜に会う ………………………………… 123
〜に会ってみたい ……………………… 202
〜に行きます（場所） ………………… 179
〜に行きます（目的） ………………… 179
〜に〜があります／います ……………… 90
〜に〜がありません／いません ………… 95
〜に帰ります …………………………… 123
二字のパッチム ………………………… 46
日を表す表現 …………………………… 106
〜になりたかったです ………………… 205
二人称 …………………………………… 220
〜に乗る ………………………………… 123

の

「の（의）」の発音 ………………… 41, 101, 222
濃音 ………………………………… 25, 34
濃音化 …………………………………… 51

は

~は、ありますか／いますか …………… 96
はい、あります／います …………… 96
はい、そうです。 …………… 66, 175
~は、~です …………… 58
~は、~ですか …………… 66
パッチムによる発音の変化 …………… 48
パッチムによる変則 …………… 147, 172
パッチムの種類と発音 …………… 44
半母音 …………… 23

ひ

鼻音 …………… 25
鼻音化 …………… 52

ふ へ

複合子音 …………… 34
複合母音 …………… 36
複合母音のカタカナ表記 …………… 39
平音 …………… 25
勉強おつかれさまテスト …………… 218

ま

~ました …………… 150, 208
~ましたか …………… 156
~ます（敬体） …………… 118, 119, 170~172
~ます（予告表現） …………… 160
~ません …………… 132, 133, 188
~ませんでした。 …………… 155
また、来てください …………… 100
また、来ます …………… 100

も

文字表Ⅰ …………… 27
文字表Ⅱ …………… 38
もらいました …………… 215

や よ

やります（意志表現） …………… 159
やりますよ（意志表現） …………… 166
やりません …………… 164
陽母音 …………… 22

ら り る

~られません …………… 165, 166
流音 …………… 25
流音化 …………… 54
ㄹ変則 …………… 147, 172

れ ろ わ

連音化 …………… 48
러変則 …………… 147, 172
わかりますか …………… 166

付録 文法・表現索引

239

● 著者紹介 ●

金榮愛（きむ・よんえ）
韓国生まれ
早稲田大学大学院前期課程修了
駐日韓国大使館韓国文化院勤務
現在、文教大学非常勤講師

楽しく学ぼう！韓国語攻略本　基礎編　MP3 対応 CD-ROM 付き

2015 年 2 月 10 日　初版 1 刷発行
2020 年 7 月 10 日　初版 2 刷発行

著者	金榮愛
装丁・本文デザイン	die
イラスト	下田麻美／山田ひろ子
ナレーション	李鎬丞／李美賢
DTP・印刷・製本	音羽印刷株式会社
CD-ROM 制作	株式会社中録新社
発行	株式会社 駿河台出版社
	〒101-0062 東京都千代田区神田駿河台 3-7
	TEL 03-3291-1676 / FAX 03-3291-1675
	http://www.e-surugadai.com
発行人	井田 洋二

許可なしに転載、複製することを禁じます。落丁本、乱丁本はお取り替えいたします。

© KIMYOUNGAE 2015　Printed in Japan
ISBN　978-4-411-03094-8　C1087